新　視　野
中華經典文庫

新　視　野
中華經典文庫

淮南鴻烈

名譽主編 饒宗頤

導讀及譯注 潘樹仁

中華書局

新視野中華經典文庫

淮南鴻烈

□
導讀及譯注
潘樹仁

□
出版
中華書局（香港）有限公司
香港北角英皇道 499 號北角工業大廈一樓 B
電話：(852) 2137 2338　傳真：(852) 2713 8202
電子郵件：info@chunghwabook.com.hk
網址：http：//www.chunghwabook.com.hk

□
發行
香港聯合書刊物流有限公司
香港新界大埔汀麗路 36 號
中華商務印刷大廈 3 字樓
電話：(852) 2150 2100　傳真：(852) 2407 3062
電子郵件：info@suplogistics.com.hk

□
印刷
深圳中華商務安全印務股份有限公司
深圳市龍崗區平湖鎮萬福工業區

□
版次
2013 年 5 月初版

□
規格
大 32 開（205 mm × 143 mm）

□
ISBN：978-988-8236-20-6

出版說明

為甚麼要閱讀經典？道理其實很簡單——經典正正是人類智慧的源泉、心靈的故鄉。也正是因此，在社會快速發展、急劇轉型，因而也容易令人躁動不安的年代，人們也就更需要接近經典、閱讀經典、品味經典。

邁入二十一世紀，隨着中國在世界上的地位不斷提高，影響不斷擴大，國際社會也越來越關注中國，並希望更多地了解中國、了解中國文化。另外，受全球化浪潮的衝擊，各國、各地區、各民族之間文化的交流、碰撞、融和，也都會空前地引人注目，這其中，中國文化無疑扮演着十分重要的角色。相應地，對於中國經典的閱讀自然也就有不斷擴大的潛在市場，值得重視及開發。

於是也就有了這套立足港臺、面向海外的「新視野中華經典文庫」的編寫與出版。希望通過本文庫的出版，繼續搭建古代經典與現代生活的橋樑，引領讀者摩挲經典，感受經典的魅力，進而提升自身品位，塑造美好人生。

本文庫收錄中國歷代經典名著近六十種，涵蓋哲學、文學、歷史、醫學、宗教等各個領域。編寫原則大致如下：

（一）精選原則。所選著作一定是相關領域最有影響、最具代表性、最值得閱讀的經典作品，包括中國第一部哲學元典、被尊為「群經之首」的《周易》，儒家代表作《論語》、《孟子》，道家代表作《老子》、《莊子》，最早、最有代表性的兵書《孫子兵法》，最早、最系統完整的醫學典籍《黃帝內經》，大乘佛教和禪宗最重要的經典《金剛經》、《心經》、《壇經》，中國第一部詩歌總集《詩經》，第一部紀傳體通史《史記》，第一部編年體通史《資治通鑒》，中國最古老的地理學著作《山海經》，中國古代最著名的遊記《徐霞客遊記》，等等，每一部都是了解中國思想文化不可不知、不可不讀的經典名著。而對於篇幅較大、內容較多的作品，則會精選其中最值得閱讀的篇章。使每一本都能保持適中的篇幅、適中的定價，讓普羅大眾都能買得起、讀得起。

（二）尤重導讀的功能。導讀包括對每一部經典的總體導讀、對所選篇章的分篇（節）導讀，以及對名段、金句的賞析與點評。導讀除介紹相關作品的作者、主要內容等基本情況外，尤強調取用廣闊的「新視野」，將這些經典放在全球範圍內、結合當下社會生活，深入挖掘其內容與思想的普世價值，及對現代社會、現實生活的深刻啟示與借鑒意義。通過這些富有新意的解讀與賞析，真正拉近古代經典與當代社會和當下生活的距離。

（三）通俗易讀的原則。簡明的注釋，直白的譯文，加上深入淺出的導讀與賞析，希望幫助更多的普通讀者讀懂經典，讀懂古人的思想，並能引發更多的思考，獲取更多的知識及更多的生活啟示。

（四）方便實用的原則。關注當下、貼近現實的導讀與賞析，相信有助於讀者「古為今用」、自我提升；卷尾附錄「名句索引」，更有助讀者檢索、重溫及隨時引用。

（五）立體互動，無限延伸。配合文庫的出版，開設專題網站，增加朗讀功能，將文庫進一步延展為有聲讀物，同時增強讀者、作者、出版者之間不受時空限制的自由隨性的交流互動，在使經典閱讀更具立體感、時代感之餘，亦能通過讀編互動，推動經典閱讀的深化與提升。

這些原則可以說都是從讀者的角度考慮並努力貫徹的，希望這一良苦用心最終亦能夠得到讀者的認可、進而達致經典普及的目的。

「弘揚中華文化」是中華書局的創局宗旨，二〇一二年又正值創局一百週年，「承百年基業，傳中華文明」，本局理當更加有所作為。本文庫的出版，既是對百年華誕的紀念與獻禮，也是在弘揚華夏文明之路上「傳承與開創」的標誌之一。

需要特別提到的是，國學大師饒宗頤先生慨然應允擔任本套文庫的名譽主編，除表明先生對本局出版工作的一貫支持外，更顯示先生對倡導經典閱讀、關心文化傳承的一片至誠。在此，我們要向饒公表示由衷的敬佩及誠摯的感謝。

倡導經典閱讀，普及經典文化，永遠都有做不完的工作。期待本文庫的出版，能夠帶給讀者不一樣的感覺。

中華書局編輯部

二〇一二年六月

目錄

《淮南鴻烈》導讀

潘樹仁

自古讀書人和學術界都把《淮南鴻烈》一書視為道家哲學理論的總覽，或者是一本記錄雜家思想的百科全書。對比《呂氏春秋》這部百科全書，《淮南鴻烈》的內容獨特，涵蓋了天、人、地、神祇、萬物等等，建構出一個相關而緊扣的系統，並且闡述了「道」的核心、開展和應用三方面的狀況。書中以天文、山林、精神、兵略等事物來闡釋大道，貫通天道與人事，有別於《老子》那樣討論道學，也不同於《莊子》用比喻和故事來說明大道的哲學。「道」的哲理是遠古中華文化的開端，當時並沒有道、儒之別。有一句話說「推儒備道」，意思是推行儒家思想，也要裝備道學的依據，故此讀者們一定要理清這個基本點，才可容易地掌握整個中華哲學的根源，這就是本書要特別呈獻的新視野。

本書會用修養身心的視野，助你尋找生命的意義，並且讓你輕鬆地投入書內，遊走於文字之間，與該書的眾多作者前輩精神交往。本書亦會發掘書中的學問及現代實用的部分，讓你感悟大「道」哲理的思維方式及其核心，以此應用於日常生活之中，甚至應用在職場的管理工作裏。

一、書名、作者及成書

《淮南鴻烈》成書於西漢，原名《鴻烈》，「鴻」是龐大、巨大的意思；「烈」是「明」及闡明說明的意思。此書是先輩的偉大功勞，後世多稱之為《淮南子》或《淮南鴻烈》。至於「淮南」一名，乃源於其編者淮南王劉安（公元前一七九年－公元前一二二年）。劉安是漢高祖劉邦的孫子，他與數千人的智囊團（古稱食客或方術之士）一起撰寫編纂《淮南鴻烈》，大約在吳楚七王叛亂至漢武帝登位期間成書。劉安的父親劉長在漢文帝時計劃叛變，被發現後遭到流放，最終自殺而死。有學者便認為《淮南鴻烈》編書的時間應該早在劉長時代，劉長為了謀奪江山尋找治國之道而編撰的。劉長死後，劉安及其兄弟沒有受到牽連，劉安更獲文帝冊封為淮南王。《漢書．淮南衡山濟北王傳》一書形容劉安：

> 淮南王安為人好書、鼓琴，不喜弋獵狗馬馳騁，亦欲以行陰德拊循百姓，流名譽。招致賓客方術之士數千人，作為內書二十一篇，外書甚眾，又有中篇八卷，言神仙黃白之術，亦二十餘萬言。時武帝方好藝文，以安屬為諸父，辯博善為文辭，甚尊重之。

劉安搜集秦始皇時代散失和秘藏的書籍，加以輯錄和整理。《淮南鴻烈》成書之後，劉安便把此書獻給漢武帝，以表明期盼國家昌盛和諧，當中〈卷二十一・要略〉便明確指出希望達到「紀綱道德，經緯人事」，「天地之理究矣，人間之事接矣，帝王之道備矣」，認為要以天地的大道為準則，來維持正確的社會道德秩序，維繫人們倫理關係的和諧，作為民眾的共同目標。該書編寫整理的時代，正值西漢初年文、景之治，當時統治者以道家自然無為的思想作為統治國家的指引，期望人民在戰國和秦國的戰禍後，好好休養生息，於是大力鼓勵社會各階層研究及熟讀道家書籍。

《淮南鴻烈》原著有「內書」二十一卷、「中篇」八卷及「外書」三十三卷，內容龐大博雜。當中的「內書」是現存流通的版本，講解天地大道與社會人事等哲思；「中篇」主要記錄修煉神仙的技法，以及驅神除鬼等法術；「外書」已佚，內容已不得而知。清人茆泮林和葉德輝各自收集了一些片段，都是中篇和外書的零星佚文。東漢的高誘曾進行注解，他在《淮南鴻烈集解》的序言中說：

> 言其大也，則燾天載地；說其細也，則淪於無垠。及古今治亂、存亡、禍福，世間詭異、瑰奇之事。其義也者，其文也富，物事之類，無所不載。

由此可見，《淮南鴻烈》不但論述了宏觀的宇宙，還蘊含了皮毛纖小的事，以及奇異怪誕、精彩的事物，而且文辭豐富瑰麗，因此被譽為「構思精密，構想奇特，構造完備」的巨著。

二、歷代研究

最早為《淮南鴻烈》作注解的有高誘和許慎，可是後來文稿雜亂了，令人分不清哪些注解出自誰人。不過，《淮南鴻烈集解》仍然是最重要的早期版本。在宋明時代，雖然《淮南鴻烈集解》廣泛流傳，卻沒有重大的校正。到了清朝，考據學鼎盛，研究者對《淮南鴻烈》作出了仔細的校勘，當中乾隆年間的莊逵吉版本較受歡迎，而朴學大師王念孫對此亦有嚴謹的校對，其文記載於《讀書雜誌》。清末則有俞樾的《諸子平議》和孫詒讓的《札迻》，他們繼承了王念孫的方法，再加以改進和補充。現代學者于省吾的《淮南子新證》和楊樹達的《淮南子證聞》都作出了詳細的考證闡釋。至於劉文典編撰的《淮南鴻烈集解》，勘對廣闊，搜羅詳盡，被胡適讚揚為「總賬式」，成為建國初期的重要參考書。至於較近期的出版有何寧《淮南子集釋》、張雙棣《淮南子校釋》和顧遷《淮南子譯注》等，作品各有特式，若果合併起來閱讀，則可達到更深入的效果。此外，許匡一所著的《淮南子全譯》運用了音韻通轉解釋文字，理據有力，並提出了具啟發性的解讀。要研究《淮南鴻烈》，也可以從其他渠道獲得思想內涵，例如徐復觀的《兩漢思想研究》、牟鍾鑒的《〈呂氏春秋〉與〈淮南子〉思想研究》和葛兆光的《中國經典十種》等。

歷代對於《淮南鴻烈》的研究都有豐富而多角度的觀點，值得讀者參考。例如宋代史學評論家高似孫在《子略》中評論此書：「《淮南》，天下奇才也！《淮南》之奇，出於《離騷》；《淮南》之放，得於《莊》、《列》；《淮南》之議論，出於不韋之流；其精好者，又如《玉杯》、《繁露》之書。」至於研究的主題，主要是研究當中的道家思想和先秦各種雜說兩大類。

三、心身修煉

基於開拓新視野，必須重提先秦時人們讀書學習的模式，而修煉就是他們學習的重要部分，例如顏回有「坐忘」的功夫，管子亦提到「動則失位，靜乃自得，道不遠而難極也。」只有靜慮、靜觀、平靜，才易於悟道。明代大儒王陽明教導學生半日靜坐半日讀書，思辨和讀書不能過於消耗體能，他認為修煉可以提升體內的正能量，這樣才有機會發揮智慧潛能。

《淮南鴻烈》書中有八十四個「靜」字，數量頗多，讀者閱讀此書時，可以心身修煉為切入點，在鬆靜的狀態下，直接感悟書中的道理。關於心身修煉，看似道家最為着重，其實在上古至漢代初年，讀書人都會把修養功夫貫徹於書本的學問中，二者不會分割開來；而且儒、道尚未分家的時候，中華文化便採用「道」、「易道」或「大道」等詞彙開展古人的哲學理念研討，並且會系統化地觀察萬物。一直以來，修煉的技巧以導引術為主流，有外導引的「引體」動功，其次是內導引的「行氣」靜功。道家學者較着重修煉的技術，多研究身體的健康和變化過程，墨家則側重個人生活上之刻苦修煉，其他諸子百家則以論述思辨「心性之學」為主，「心齋」或「坐忘」的功夫則放於次要的位置。在龐大的書庫裏，對於心性的哲理探求，向來有不同的學說，人的心理變幻多端，可善可惡，要修養心境，應多讀善書經典，這必然對人有所幫助，這就是古人所講的「心廣體胖」。

在《淮南鴻烈》一書中，亦多處提到修煉養神的重要性及作用，例如〈泰族〉篇說：「治身，太上養神，其次養形；治國，太上養化，其次正法。」這裏很清楚地指出修煉比治國更為重要。其實治理個人自身，根本就是「養神」的氣學精神修煉功夫，精神境界的提升可使身體健康，提升智慧。有了健康的身體，便可以把事情做得更好，而且在身心提升的過程中，也可以感悟變化的道理，對治事治國都有幫助。治國的最高目標，是引導和教育人民修養道德及維護公義，從而讓每個人的氣質有所變化提升，內化而達到有道德修養，成為一位良好的公民。至於法律則較為次要，只有阻嚇的功用。這就是傳統「身國同治」的修煉方向。此外，《淮南鴻烈》對於修煉亦有一些見解，如〈齊俗〉說：「今夫王喬、赤誦子，吹嘔呼吸，吐故內新，遺形去智，抱素反真，以游玄眇，上通雲天。今欲學其道，不得其養氣處神，而放其一吐一吸，時詘時伸，其不能乘雲升假，亦明矣。」這裏指出如果「時詘時伸」，沒有持久恆常修煉，便沒有良好結果。

要讀書追尋智慧，必須要內外配合，對外應避免被事物沖昏頭腦，對內要穩定自己的神氣，煉神養氣，這樣才可以開通閉塞的竅門，明悟天地的真理智慧。〈精神〉篇便重申修煉精神的重要性，並作出提示。雖然《淮南鴻烈》看似沒有具體的功法，但當中其實有許多指導性的原則，是高層次的修煉方法，也是內外相合的實踐成果。

往後發展的修煉方法有「丹功」或「性命雙修」，而道家最後確立了「性命之學」，「性」是智慧心境，「命」是身軀肉體。「性命雙修」即是心身同時鍛鍊，是現代養生文化和醫學氣功界普遍推行的方向。這種身心並煉的理解，也切合於現代西方身心語言學（NLP）的理論，由此可見中西文化確實有共通的地方。

四、主要思想內容

《淮南鴻烈》的內容豐富，其所涉及的內容包括哲學史、諸子思想、儒道思想的比較、政治主張、神話的理解、文學特質、混沌與宇宙本體、陰陽哲理、人事組織、管理學、天人關係思想、兵學策略等等。當中以「道」為最主要的核心內容。文中的「道」有多種意義，且有不同的引申，讀者可加以揣摩，以轉化為日常實際應用的道理。

（一）《淮南鴻烈》的「道」

1. 「道」是天地萬物的本體及整體

> 夫道者，覆天載地，廓四方，柝八極，高不可際，深不可測，包裹天地，稟授無形。原流泉浡，沖而徐盈，混混滑滑，濁而徐清。（〈卷一．原道〉）

「道」包羅了天地所有事物，是萬物的本體及整體。現代人在抉擇人生道路時，不要只考慮個人的生命本體意義和價值，還要顧及整體性，包括家庭和親友，以至社會和國家，甚至是人類和宇宙大歷史的寬廣層面。

2.「道」是宇宙的創生源頭，連繫着天、人、地的主軸物。

> 夫精神者，所受於天也；而形體者，所稟於地也。故曰：「一生二，二生三，三生萬物。」（〈卷七．精神〉）

「道」是宇宙的源頭，它生成了一，一是天，二是地，三是萬物。「道」又是連繫着天、地、人的主軸，人的精神靈性乃來自天的最完備能量，而人的形體結構則符合大地；人類頂天立地，管理着大地的物類，「道」可以在宇宙人間循環運行，生生不息。在現代的社會，人們常常熱烈地談論環保的問題，提倡節儉消費，其實當中的核心原則便是人與天地的關係。天、人、地是互相連繫的，人類的舉措除了會直接影響到天空和大地外，也會影響未來，因此人必須維護宇宙創造時的自然生態，才不會破壞天、人、地的循環秩序。

3.「道」是宇宙和所有事物的運行規律、範圍及進行程序

> 夫太上之道，生萬物而不有，成化像而弗宰，跂行喙息，蠉飛蠕動，待而後生，莫之知德；待之後死，莫之能怨。（〈卷一．原道〉）

「道」雖然衍生了萬物，但卻不是萬物的擁有者，也不是物質的本身，它只是生產過程中所運行的規律。然而一切生物都不能離開大道的範圍，沒有大道的方程式，就不能有生生死死的循環系統。在道的運行下，春夏秋冬四季活動正常，動植物的生長可得到優良的培育，可是在現代社會中，許多人為的活動都擾亂了大道的規律，例如工廠在生產過程中所產生的污染物造成了酸雨，影響生態；又如人類大量使用化學飼料、防腐劑等，導致肉類和蔬菜受到污染，人類食用後便會影響健康和體質。這些都是人類自己惹的禍，破壞了大道的活動規律。

4.「道」是宇宙最高最終的哲理、真諦和真理

> 太清之始也，和順以寂漠，質真而素樸，閑靜而不躁，推移而無故，在內而合乎道，出外而調于義，發動而成於文，行快而便於物。其言略而循理，其行侻而順情，其心愉而不偽，其事素而不飾。（〈卷八．本經〉）

在宇宙的開始，「道」展示了最高最終的哲理狀態：它和順、寂靜、質樸，閒逸寧靜而不急躁，任憑事物自然推演。而聖天在內會配合大道的不變原則，在外演化成仁義，少言而合於大道天理，順應人情，不作虛偽的行為，自然樸素而不用修飾。當人順應這種自然態勢運動，必定會增加大智慧，獲得幸福美滿的人生。

5.「道」是最高尚的道德規範

聖亡乎治人，而在於得道；樂亡乎富貴，而在於德和。知大己而小天下，則幾於道矣。（……）是故得道者，窮而不懾，達而不榮，處高而不機，持盈而不傾；新而不朗，久而不渝；入火不焦，入水不濡。是故不待勢而尊，不待財而富，不待力而強，平虛下流，與化翱翔。（〈卷一．原道〉）

「道」是最標準最高尚的道德規範，是人類修養德行的規矩法則。這就像正確而無形的人生大路，人如能走在此路，便是有道德的聖人。聖人不在乎坐上高位管治人民，而是希望得到高尚的道德；他們不會因為獲得財富而快樂，只希望以良好的德行修養與大眾同樂。此外，他們明白修養高尚的道德才是正確的人生大路，這比得到天下的名利更為重要，即使貧窮，他們都不會懾服於名利的誘惑和武力的威嚇之下。假如名利增多了，他們不會炫耀個人的光榮，反而會在沒有特殊勢力的情況中獲得別人的尊敬。即使沒有巨大的財富，他們仍能夠運用充足的資源服務社會人群。這種不為名利的人生目標，現代人必須重新思索自己應該選擇和開拓哪一條人生新道路。

6.「道」是萬物的自然活動力量和潛能

是故聖人守清道而抱雌節，因循應變，常後而不先。柔弱以靜，舒安以定，攻大靡堅，莫能與之爭。（〈卷一．原道〉）

「道」是宇宙一切事情和物類的自然活動力量和潛能，人如能守持着清靜的大道，修煉着精神養氣功夫，不爭先恐後，柔弱虛靜，便能應變萬事萬物，有強大的力量，並且獲得勝利或達到目標。現代人只要清楚了解自然活動的力量所在，好好培養及發揮潛能，便可在人生路上化險為夷，開拓生命的新道路，成就非凡的功業。

7.「道」是主宰一切的最高力量

故達於道者，不以人易天，外與物化，而內不失其情。至無而供其求，時騁而要其宿。小大修短，各有其具，萬物之至，騰踴肴亂而不失其數。是以處上而民弗重，居前而眾弗害，天下歸之，姦邪畏之。以其無爭於萬物也。故莫敢與之爭。（〈卷一．原道〉）

「道」是主宰一切事物的最高力量，人不能改變天理道理，只可順隨。「道」這種巨大的能力無處不在，天下人都信仰（類似宗教式的信仰），而奸邪的人則會畏懼，沒有人敢與這種權能爭鬥。「道」不是簡單的神性宗教，它的主宰力量統領着人間和天地的事物。

(二)《淮南鴻烈》的「無為」觀

1. 不違本性，順從自然

《淮南鴻烈》的「無為」觀，並非一般人認為不做任何事的想法，它其實是指不去阻撓身心的自然反應，不去阻礙人性自然的美善，讓日常生活更自在。〈卷一・原道〉說：

> 無為為之而合于道，無為言之而通乎德，恬愉無矜而得於和，有萬不同而便於性，神託於秋豪之末，而大宇宙之總，其德優天地而和陰陽，節四時而調五行。

意思就是要依從「道」、「和」，在沒有目的及壓力之下做事，順乎身心，讓所做的事情合乎大道，不使用做作的言語，發揮出人性自然的美善。因為順從天性，便會自然遏止不公義的事件發生，或救濟弱小社群，這種善良的行為便是真正的功德。

2. 君臣異道，以「無為」馭「有為」

「無為」同樣用於治國，君主必須用「無為」的態度做事和駕馭下臣的「有為」，〈卷九．主術〉中説：

> 人主之術，處無為之事，而行不言之教。清靜而不動，一度而不搖，因循而任下，責成而不勞。是故心知規而師傅諭導，口能言而行人稱辭，足能行而相者先導，耳能聽而執正進諫。

君主應實行無為之治，不須以言語説教，只須循着自然法規來任用下屬，以自己的言行作模範，教導朝臣和老百姓，堅守不干擾方式。君主依法治國，選用賢臣明士，避免動搖群臣依法行事的工作方針，各人都負上應有的責任，國君就能達到無為而治的境界，國家也會一片祥和融洽。

現代人開始明白返璞歸真的自然無為生活，不過部分人只明白外在的大自然，沒有反觀自身中的自然天地，其實人們應順着體內的小天地，配合大天地，自然地活動起居，令生命舒暢，這樣才是真正的無為而為。本書將會提供這方面的解讀，讓人們從新的視野閱讀經典，找回自然無為的道理，從而兼顧內外合一，天人合德，通達心身天人一體的大道。

五、用語賞析

現在流行的版本，全書共分二十一卷，實際有二十篇，上冊有十三篇，下冊有七篇，相傳上冊為高誘所注，下冊為許慎所注，故有上下分冊的編排，最後一卷為〈卷二十一．要略〉，即是重要的概略大綱，總括了全書的內容。大綱放在最後，是漢代以前的方式，例如《史記．太史公自序》也是如此編排的。

語言文字是重要的表達方式，讀者不妨研究《淮南鴻烈》的用語多寡，以探討文章想表達的深層義理。全書共十五萬八千多字，平均一卷約七千五百四十五字。最長一卷是〈人間〉，共一萬二千六百餘字，最短一卷〈覽冥〉共三千六百多字，超過一萬字的有四卷。相比之下，《老子》只有約五千字，《淮南鴻烈》比它的字數多三十倍，也比《莊子》多逾一倍。此書大部分內容都在《老子》及《莊子》之上有所發展，是研究道家思想的重要著作，不可忽略。以下統計了《淮南鴻烈》的字詞使用次數，可供大家參考：

	字詞	使用次數
名字	老子	五十七
	孔子	五十二
	舜	五十二
	堯	四十七
字	道	六百一十六
	心	三百〇六
	德	三百
	義	二百二十二
	氣	二百二十一
	性	一百七十三
	和	一百四十六
	禮	一百四十二
	仁	一百一十四
詞語	君子	七十四
	天子	六十二
	仁義	五十六
	精神	三十九
	道德	二十八

筆者非常重視此書使用文字的技巧，而現代西方亦設有語言分析哲學的科目，如要深入了解和研究《淮南鴻烈》的文字，將會牽涉到很多相關的問題，例如該時代的語言結構、文字的理解等，因此筆者在這裏只能作一個引子，希望引起讀者留意，然後作出深入的探討。從表面的詞語應用數量觀察，本書傾向於展現道德仁義君子的大道，並且希望審視人類哲理的源頭，引申出中華傳統文化「道」的本體。

六、《淮南鴻烈》的現代價值

經典的存在價值在於它蘊含先賢的智慧，而這些智慧對於現代社會仍然非常有用，具有現代的價值，故此很多人爭相研讀經典。只要懂得基本的「大道」哲理思想，便可以明悟《淮南鴻烈》內所述說的智慧，並能加以運用。

現代社會重視物質享樂，萬物紛陳；另一方面，人們又用法律條文控制人的外在行為，割裂自己的身心連繫，更切斷了人與天地的關係，而〈卷一．原道〉卻清楚指出：

萬物有所生，而獨知守其根；百事有所出，而獨知守其門。故窮無窮，極無極；照物而不眩，響應而不乏，此之謂天解（即知曉天然的道理）。

人們身處於龐大而複雜的現代社會，要找出應付的辦法，可從《淮南鴻烈》得到啟示。這裏用廣闊的事物把人與社會的事件連繫在一起，提醒人要回歸大道一體的親密關係，並要明白萬事萬物的根本在於「道」。當面對百事變遷時，要懂得守着門戶，即抓緊道的原則作為行為的指引，從而解決現代人面對的大量困擾。

此外，〈卷五．時則〉又提到：

繩者，所以繩萬物也；準者，所以準萬物也；規者，所以員萬物也；衡者，所以平萬物也；矩者，所以方萬物也；權者，所以權萬物也。

「規、矩、準、繩、權、衡」是六種規範標準，很多人就認定規矩準繩是科學的標準，於是堅持個人的價值判斷。然而《淮南鴻烈》卻提示現代人，不可單一使用客觀科學的標準，而要因應時間和空間，兼顧當時社會的大眾公義價值，權衡各方面的相關情況，並作出恰當的調整和配合，以得出最合適的選擇。

另一方面，現代人忽略保養心身健康、修煉養靜的方法，同時又面對林立的商品，以及種種引誘人們盡情吃喝玩樂的營銷廣告，結果導致精神消耗。人們浪費金錢之後，又拼命賺錢，耗費了精神健康。在〈卷七．精神〉中說：

靜則與陰俱閉，動則與陽俱開。精神澹然無極，不與物散，而天下自服。故心者，形之主也；而神者，心之寶也。形勞而不休則蹶，精用而不已則竭，是故聖人貴而尊之，不敢越也。

這裏道出了古今人們的狀況，以及聖人如何避免「蹶」與「竭」。現代人必須反省一下養靜修煉的功夫有沒有現代的價值，以及精神的價值與物質帶來的短暫快樂，哪一種有較高價值？

除了修養心身外，《淮南鴻烈》中有關君主與臣下關係的思想，也對現代人在管理公司或待人接物時有重要的價值。〈卷九．主術〉說：

夫人主之聽治也，清明而不闇，虛心而弱志。是故群臣輻湊竝進，無愚智賢不肖，莫不盡其能。

現代教育水平不斷提高，管理人員大多都有很高的學歷，不過人總有弱點，視野上或許會有所疏漏，故此公司的總裁或總經理必須「聽治」，多聆聽各方面的意見，保持清明的心境，虛心請教老前輩的意見，切忌恃才傲物；此外，也不可隨便顯露個人的觀念和計劃，應先讓下屬表達不同的見解，「無愚智賢不肖」，不計較他以往是智是愚，對事不對人，因為下屬隨時會有最優秀的方案。

最後，〈卷一・原道〉說：「是故天下之事不可為也，因其自然而推之；萬物之變不可究也，秉其要歸之趣。」這裏提醒人必須細心觀察事物的「自然」進化過程，以了解事情發展的結果。人類的智慧，永遠都不可能徹底明白萬物改變的機制，人只須讓事物自然地繼續演變，以了解未來發展的趨勢，這樣才更為重要。

七、本書說明

現時坊間的版本，每卷或用「某某訓」作為篇目，例如〈卷七・精神訓〉，但清代人姚範指出，「訓」字是：「高誘自名其注解，非《淮南》篇名所有，即誘〈序〉中所云『深思先師之訓』

也。」由此可見，「訓」字是後人所加，高誘原注也沒有「訓」字，故本書也刪去「訓」字。

另一方面，本書在每一卷挑選了重要的段落作注釋，白話譯文會盡量以現代思維表達原有的文字，以順序為脈絡，融合古今的語法，用直譯方式為主，希望貼近原作。例如「道」字，會譯為「大道」、「道德」或「道理」。至於節選文本的方針則以「道」為主線，至於有關《老子》的篇幅則盡量減少，避免重複。而賞析與點評部分，則會拉闊一點視野，讓讀者有通識關連的了解。此外，這部分也會透視書中的重點及要旨，希望讀者能夠玩味書中的美句，並選擇當中精警的語言，成為自己做人做事的座右銘，以此作為修心養性或鍛鍊心平氣和的指導性原則。

卷一　原道

本卷導讀——

本卷所述的「道」是中華文化思想的根本和開端，也是《淮南鴻烈》的宗旨。「原道」有原始原本的特殊意義，是諸子百家共通的磐石，不可取代。本卷指出道是開始，在空間上和形態上都沒有限制及定義，它有發揮的空間和擴張的領域，可以從微細的根基拉闊至天際穹蒼的無盡處，也可以從寬大的宇宙回歸到微末的根源，由此可見，道的來往廣大。

夫道者，覆天載地，廓四方，析八極[1]，高不可際，深不可測，包裹天地，稟授無形[2]。原流泉浡[3]，沖而徐盈[4]，混混滑滑[5]，濁而徐清。故植之而塞于天地[6]，橫之而彌于四海；施之無窮而無所朝夕，舒之幎于六合[7]，卷之不盈于一握[8]。約而能張，幽而能明，弱而能強，柔而能剛，橫四維而含陰陽，紘宇宙而章三光[9]。甚淖而滒[10]，甚纖而微。山以之高，淵以之深，獸以之走，鳥以之飛，日月以之明，星曆以之行，麟以之游，鳳以之翔。

注釋

1 析（粵：託；普：tuò）八極：開拓四方和四角位置。2 稟授：給予。3 浡：水湧出的狀況。4 沖：器皿內沒有物品的空虛形態。5 滑滑：水流急促的樣子。6 植：直立、豎立。7 幎：帳幕，指全面覆蓋。六合：上下加上四方，成為六個向度。8 一握：形容手心一合的微小容量。9 紘：維繫。10 淖（粵：鬧；普：nào）：柔弱。滒（粵：哥；普：gē）：粥多汁，這裏指柔和。

譯文

道，覆蓋着天承載着地，向四方擴展，開顯為八極，高不能到達邊緣，深不能夠測量，包裹着天地，給予無形的力量。道好像清泉涓涓地湧流出來，慢慢充實宇宙，進而急促奔流，從混濁逐漸變得清晰澈亮。故此道直立時能充塞於天地之間，橫放時能佈滿四海，無窮地擴展而不分早晚，舒展時籠罩着上下四方，收捲在手心時又不滿一把。當受到約束時，它能擴張，當幽深暗淡時，它又能夠光明四射地顯現，能弱能強，又柔又剛，縱橫定位於四方，蘊藏着陰陽，維繫宇宙運行的綱領，彰顯日、月、星三光。道好像甚為濕潤及充滿水分，纖細柔順而微小。高山深淵，走獸飛鳥，日月的照明，星宿和曆法的運行，麒麟和鳳凰的翱翔遨遊，都在大道之內。

賞析與點評

宇宙的事物是不停地轉變的，因此「弱而能強，柔而能剛」。我們不能永遠死守在弱的地方或強的地方，要明白變化規律，融合其中，調整自己去適應這種自然變化。很多人都不明白為什麼要守弱？道的智慧就是知道弱會轉強，智者守在弱處，不是無聊地等待，而是在做準備功夫，刻苦地鍛鍊身心，磨勵出更高的智慧。當時機轉到眼前，便可充分發揮剛強的能力，得到最好最優勝的結果。

夫太上之道，生萬物而不有，成化像而弗宰，跂行喙息[1]，蠉飛蠕動[2]，待而

後生，莫之知德；待之後死，莫之能怨。得以利者不能譽，用而敗者不能非。收聚畜積而不加富，布施稟授而不益貧。旋縣而不可究，纖微而不可勤。累之而不高，墮之而不下，益之而不衆，損之而不寡，斲之而不薄[3]，殺之而不殘，鑿之而不深，填之而不淺。

注釋

1 跂（粵：其；普：qí）行：指用腳行走的動物。跂，腳。喙（粵：悔；普：huì）息：指用嘴呼吸的動物。喙，嘴。2 蠉（粵：圈；普：xuān）飛蠕動：指飛翔和爬行的昆蟲。蠉，蟲類飛翔的樣貌。3 斲（粵：雀；普：zhuó）：同「斫」，砍伐。

譯文

最高的大道，它生化萬物而不自私擁有，變化成為物像而不去主宰牠們，奔走的走獸、飛翔的禽鳥、爬行、蠕動的昆蟲，都靠道而生，卻不知道感恩戴德；牠們因道而消失、死亡，也沒有埋怨道。靠道得到利益而不讚譽，因道而失敗也不非議。積聚增加財物不會致富，佈施救濟他人不會令自己更貧窮。它十分細微難以研究，極端微細難以探尋根本，堆積不會變高，推倒它不能使它塌下，增加卻不會有過多的情況，損毀它不會減少，刀砍它不會變薄弱，傷害它也不會令大道受傷害，開鑿不會令它深陷，堆填不會令它變淺。

賞析與點評

這裏提出的「無生有」概念，並非指「無」是一種存有，無就是無，有是「自生」的，所以「無生有」是時間概念的進程。「道生萬物」，道似無似有，而「生」的運動則是無為有為的自然恍惚。意思即是大道圓融一體，無內無外，萬物並生而不相悖。

是故天下之事不可為也，因其自然而推之；萬物之變不可究也，秉其要歸之趣[1]。夫鏡、水之與形接也，不設智故，而方圓曲直弗能逃也。是故響不肆應，而景不一設，叫呼仿佛，默然自得[2]。人生而靜，天之性也；感而後動，性之害也[3]；物至而神應，知之動也。知與物接，而好憎生焉。好憎成形，而知誘於外，不能反己，而天理滅矣。故達於道者，不以人易天，外與物化，而內不失其情。至無而供其求，時騁而要其宿。大小修短，各有其具，萬物之至，騰踴肴亂而不失其數。

注釋

1 要歸：重要發展的依歸。趣：同「趨」，方向。2 默：王念孫作「嚜」，劉文典亦認為後人少見「嚜」，而以意改作「默」。本指感覺不到，不知不覺地輕輕呼吸，這裏指在不知不覺間有事情在活動。3 害：外貌、表象。「害」字是「容」字之誤。

譯文

故此天下的事不可以做作，須順着事情的自然發展來推動進行；萬物的變化不可以憑人的智慧去探究，掌握事物的發展趨勢便引導其走向歸宿。用鏡子和清水映照物件，不須要人的智慧，而方、圓、曲、直的形狀影像，不能脫離實物。所以回聲不是肆意製造，影子不是為物件而特別設置的，回音呼響着，影子幌動，是在不知不覺中產生。人天生喜歡靜，是天生的性情；對事物產生感覺之後動了慾望，這是天性的表象；與事物接觸而精神加以應對，良知活動起來；良知與事物接觸，便產生愛好和憎惡之心。愛好憎惡形成標準，而良知受外來物質誘惑，不能反回自己的本性，因而天性天理被消滅了。故此通達得道的人，不會用人力改變天性，外表與事物一同變化，卻不會失去內在的性情。道是最虛無的，卻可以供應一切需求，它不停地運動，卻主宰着事情的發展和歸宿。大小長短各種形態，道都充分地具備了，萬物的發展繁雜，動態紛陳，卻始終不會離開道的範圍。

賞析與點評

作者指出「人生而靜，天之性也」，人只要保持內心清靜，不改變天道天性的活動，身體便能與外界事物結合，適應環境，內心也不會失去真性情，因為萬物的變化都有數理的程序。

由此可見，人若要得道修道，不應離棄人道，因為離開人間隱居也不一定能曉悟大道的智慧。

故任一人之能，不足以治三畝之宅也。脩道理之數，因天地之自然，則六合不足均也。是故禹之決瀆也[1]，因水以為師；神農之播穀也，因苗以為教。夫萍樹根於水，木樹根於土，鳥排虛而飛，獸蹠實而走[2]，蛟龍水居，虎豹山處：天地之性也。兩木相摩而然，金火相守而流，員者常轉，窾者主浮[3]：自然之勢也。是故春風至則甘雨降，生育萬物，羽者嫗伏[4]，毛者孕育，草木榮華，鳥獸卵胎，莫見其為者，而功既成矣；秋風下霜，倒生挫傷[5]，鷹雕搏鷙[6]，昆蟲蟄藏，草木注根，魚鼈湊淵[7]；莫見其為者，滅而無形。木處榛巢[8]，水居窟穴；禽獸有艽[9]，人民有室；陸處宜牛馬，舟行宜多水。匈奴出穢裘[10]，于、越生葛絺[11]，各生所急以備燥濕，各因所處以禦寒暑，並得其宜，物便其所。由此觀之，萬物固以自然，聖人又何事焉！

注釋

1 決瀆：疏通河道。決，疏通。瀆，河流。2 蹠（粵：隻；普：zhí）：踩，用腳走路。3 窾（粵：款；普：kuǎn）：空，中間被挖空。4 嫗（粵：雨；普：yǔ）伏：雀鳥蹲下孵卵。5 倒生：指植物，所有植物都是從地面向空中生長，故形容是倒生。挫傷：指植物落葉凋零。6 摶鷙（粵：至；普：zhì）：鳥類突然猛力攻擊搏鬥。7 鼈（粵：bit^{9}；普：biē）：這裏泛指水中有殼類生物。湊：聚集。淵：水很深的地方。8 榛（粵：津；普：zhēn）巢：與「橧」相通，築巢。9 芄（粵：元；普：wán）：禽獸洞穴中所鋪墊的樹葉或乾草。10 穢：仍然帶有血腥臭味的污穢物件。裘：用動物皮毛製成的衣服。11 葛絺（粵：痴；普：chī）：用粗糙的葛纖維織造成的布料，清涼乾爽。

譯文

故此任憑一個人的才能，不足以管治三畝的大宅。修習道理的規律，依據天地的自然法則，天地上下也不難管治。所以大禹治理洪水，以水的性質和流動為老師；神農播穀耕種，用禾苗的生長規則作為教導。浮萍的根生在水裏，樹木的根生在土壤裏，雀鳥排開虛空的氣流飛翔，獸畜腳踏地上走動，蛟龍居住在水中，虎豹安處在山中，這都是大道的天性。兩塊木板互相摩擦會燃燒，金屬遇到猛火會熔解流動，圓形物體會轉動，中間挖空的木材會浮在水面，都是自然之勢。因此春風來到會降雨，萬物得以生長，有羽翼的鳥類會孵卵，有皮毛的獸類會育胎，草木生長茂盛，鳥獸孵卵懷胎，看不到大道做了什麼，但它的功能已經完成了。秋風吹拂，開始降霜，植物凋零，飛鷹大鵰與鷙鳥撲擊獵物，昆蟲找地方隱藏，草木把營養注入根部，魚鼈相繼潛進深淵；看不見大道做了什麼，萬物卻銷聲匿跡於無形之中。依樹木而住的會建巢窩，依水而居的會建洞穴，禽獸有禾草的巢穴，人民有房室被蓋，陸地適宜牛馬生活，舟船的航行適宜水深，匈奴出產粗陋的皮衣，吳越生產涼爽的夏布。各自生長所急需的物品，以準備燥濕的不同環境，各地因應處境不同來抵禦寒暑的氣候，並且得到合宜的配合，物類都能被當地的人採用。由此可見，萬物本來就是自然地生長，聖人又有什麼事情可以做呢？

賞析與點評

多元化的社會就像多元化的大自然，每件事物都會合宜地運作不息，這就是和諧的理想社會。可是人類為了發展，不斷破壞大自然的平衡，令環境出現不同的壞影響，例如酸雨、水源污染等，人類必須及早反思這些行為，盡快改善。

是故達於道者，反於清淨；究於物者，終於無為。以恬養性，以漠處神，則入

于天門。所謂天者，純粹樸素，質直皓白，未始有與雜糅者也。所謂人者，偶䁟智故[1]，曲巧偽詐，所以俯仰於世人而與俗交者也。

注釋

1 偶䁟（粵：查；普：chá）：通「隅差」，邪曲有偏歪，不正直。智故：用思想計謀的機巧，做出虛偽詐騙的行為。

譯文

故此通達的得道之人，返回清靜；探究事物的人，最終順應自然而不造作。以恬息調養性情，以淡泊守持精神，則可以進入天道的門戶。所謂「天然」，是純粹的樸素，性質率直而潔白，從來沒有與其他雜質糅合在一起。所謂「人為」，是指邪曲不正，弄巧曲偽而欺詐，在世上隨波逐流，與俗人同流合污。

賞析與點評

得「道」的人會返回清靜的天性，雖然仍舊在物質中生活，但他們的心境卻任運自然，淡泊而不造作。天、人有所差異，這段提醒大家要有理想「入于天門」。

故牛岐蹏而戴角，馬被髦而全足者，天也；絡馬之口，穿之牛鼻者，人也。循天者，與道游者也；隨人者，與俗交者也。夫井魚不可與語大，拘於隘也；夏蟲不可與語寒，篤於時也[1]；曲士不可與語至道，拘於俗、束於教也。故聖人不以人滑天[2]，不以欲亂情；不謀而當，不言而信，不慮而得，不為而成；精通於靈府，與造化者為人。

注釋

1篤：困阻，局限。2滑天：滑，通「汩」，水流急而亂的現象，指擾亂。

譯文

故牛蹄分叉而頭生角，馬生出鬃毛而足蹄完整，這都是天生的；用韁繩絡住馬口，用環穿過牛鼻，這都是人為的。依循天然規則，是與「道」同遊；跟隨人為的事物，是與俗世混雜交往。對着井底的魚，無法跟牠講述大海，因為牠們被局限於狹隘的環境裏；對着夏天的昆蟲，無法跟牠講述寒冷，因為牠們受到季節的限制；對着淺薄的人，無法跟他講述大道，因為他們受俗世的價值觀所拘束，及受到世俗的教育條框所束縛。故此聖人不用人為的事擾亂天道，不因慾望擾亂天性；不用謀劃就能行事妥當，不多說話就得人信任，不加思慮就能得心應手，不矯揉造作就能事業有成；他的精神貫通於心靈，以大道造化的法則作為做人的指南針。

賞析與點評

當人觀察自然和人類的行為，細心明辨大自然的造化，不執着或強行，就會明白聖人的行為是恰當而自然的。人無須刻意造作，因為「不為而成」，不為利益而做事，在沒有壓力下工作，成功的機會便越大，獲得的利益也會出乎意料之外。

夫善游者溺，善騎者墮，各以其所好，反自為禍。是故好事者未嘗不中，爭利者未嘗不窮也。昔共工之力[1]，觸不周之山[2]，使地東南傾。與高辛爭為帝[3]，遂潛于淵，宗族殘滅，繼嗣絕祀。越王翳逃山穴[4]，越人熏而出之，遂不得已。由此觀之，得在時，不在爭；治在道，不在聖。土處下，不在高，故安而不危；水下流，不爭先，故疾而不遲。

注釋

1 共工：傳說是炎帝的後裔，又名康回，相傳為水神。2 不周山：古代傳說中的山名。3 高辛：黃帝的後裔，受封於辛，姬姓，號高辛氏，以亳（現在的河南省登封）為首都。傳至顓頊為首領時，打敗共工，成為部落盟主。4 越王翳（粵：縊；普：

yi)：戰國時期的越國君王，公元前四一一至公元前三七六年在位。他做太子時因不想成為君王，於是逃入山中，越國人民用火煙熏，迫他出來做君王。

譯文

善於游泳的人會溺斃，精於騎術的人會墮馬，各人都因為自己的愛好特長，反而招致禍殃。故此好管閒事的人，沒有不被中傷的；爭奪利益的人，沒有不變貧窮的。從前共工力大無窮，他以頭撞不周山，使大地向東南方傾側。他與高辛爭奪帝位，失敗後潛入深淵下，他的宗族被殘殺消滅，繼後的人都斷絕了。越王翳做太子時不想做王帝，逃入山中穴谷，越國人用火熏迫他出來，最後他不得已出山承繼帝位。由此可見，得到（事物或利益）在於恰當的時間，不在於爭奪；治國在於依循大道，不一定由聖人管治。泥土在地下，不爭着到高地，故此安穩而沒有崩塌的危險；水向下流淌，不爭先恐後，故此流得快速而不會遲緩。

賞析與點評

為什麼「善游者溺」？人性有不少弱點，當人才藝出眾便會變得驕傲，且希望突出自己的長處，被勝利沖昏了頭腦，這樣往往會疏於安全防備，容易發生意外。相反，保持心境平和謙厚，自會福來禍消。

是故聖人內修其本，而不外飾其末，保其精神，偃其智故[1]，漠然無為而無不為也，澹然無治也而無不治也。所謂無為者，不先物為也；所謂無不為者，因物之所為；所謂無治者，不易自然也；所謂無不治者，因物之相然也。

注釋

1 偃（粵：jin²；普：yǎn）：停止，放下，不暴露。

譯文

所以聖人向內修養本性，而不會在外修飾微末的事物，保衞自己的精神，熄滅其巧詐的機心。清虛淡泊不做作，實際上能夠無所不做。恬淡而不治理事情，實質上能夠把事情治理得非常妥善。所謂「無為」的意思，是指不在事物活動之前而作出行動；所謂「無不為」，是指因應事物的活動趨勢而做事；所謂「無治」，是指不改變自然的道理及性質；所謂「無不治」，是指順着事物的變化規律，相應地作出治理。

賞析與點評

現今的人，大多忽視了內在的精神修養，而急進地希望成功獲利。只有內心平靜，保持精神充盈，有高度的警覺性，並且懂得調節平穩情緒，才能細心觀察事物的自然變化，培養出智慧，高瞻遠矚，輕易地解決難題。

故得道者志弱而事強，心虛而應當。所謂志弱而事強者，柔毳安靜[1]，藏於不敢，行於不能，恬然無慮，動不失時，與萬物回周旋轉，不為先唱，感而應之。是故貴者必以賤為號，而高者必以下為基。托小以包大，在中以制外，行柔而剛，用弱而強，轉化推移，得一之道，而以少正多。所謂其事強者，遭變應卒，排患扞難[2]，力無不勝，敵無不淩，應化揆時[3]，莫能害之。是故欲剛者必以柔守之；欲強者必以弱保之。積於柔則剛，積於弱則強，觀其所積，以知禍福之鄉。

注釋

1 毳（粵：趣；普：cuì）：通「脆」，易碎。2 扞（粵：汗；普：hàn）：通「捍」，抵抗，抵擋。3 揆（粵：愧；普：kuí）時：能夠揣測的時機，審時度勢。

譯文

所以得道的人意志柔順而辦事能力強，心境謙虛而應付恰當。所謂「志弱而事強」，是指心態柔和安靜，把自己藏在不敢妄動之中，行為上似乎不能應付，恬淡自然而無憂慮，行動卻不會失去時機，與萬物來回變化，不會先行倡導，只會跟隨運動而去應和。所以高貴的人必定自稱卑賤的名號，高尚的人必定以低下的事務為基礎。寄託在微小的地位，可以包容廣大，在中間的位置，可以控制外圍的事情，行事看起來柔弱而實際上剛強。微弱的力量可以堅持強韌，順隨事理轉動變化推演移位，獲得「一」這個「道」理，能夠以少數變成更多的好處。所謂

「事強」，是指遭遇變故，應付突發事件，排除禍患，抵擋災難，他的力量都能夠勝利，敵人全部被制服，適應變遷，審時度勢，沒有什麼能傷害他。所以想要剛勁，必定持守柔和；想要強大，必定用軟弱自保。積聚柔和便會剛強，積聚軟弱就會強大；觀察積聚的狀況，便可以知道禍福的趨向。

賞析與點評

很多人都認為反應快速敏捷才是優秀的，可是學道剛巧相反。學道着重準確，不用太過急促，而且必須學習原本的道理，找到根本的所在，才能解決問題。因此心要虛懷，放寬心胸來容納更多的意見和智慧。假如要做強者及領袖，志願便要柔弱，明白「積於柔則剛，積於弱則強」的道理，在下層札穩根基，讓志向隨着能力而提升，不執着於眼前的小成功，這樣成就便會越來越大。

天下之物，莫柔弱於水，然而大不可極，深不可測，脩極於無窮，遠淪於無涯，息耗減益，通於不訾[1]。上天則為雨露，下地則為潤澤，萬物弗得不生，百事不得

不成；大包群生而無好憎，澤及蚑蟯而不求報[2]，富贍天下而不既[3]，德施百姓而不費，行而不可得窮極也，微而不可得把握也，擊之無創，刺之不傷，斬之不斷，焚之不然，淖溺流遁[4]，錯繆相紛而不可靡散。利貫金石，強濟天下，動溶無形之域，而翱翔忽區之上[5]，邅回川谷之間[6]，而滔騰大荒之野。有餘不足，與天地取與，授萬物而無所前後。是故無所私而無所公，靡濫振蕩，與天地鴻洞[7]，無所左而無所右，蟠委錯紾[8]，與萬物始終。是謂至德[9]。夫水所以能成其至德於天下者，以其淖溺潤滑也。

注釋

1 不訾（粵：只；普：zǐ）：不能計算其數量的龐大。訾，指量，數量。2 蚑蟯（粵：其搖；普：qí náo）：微細的小蟲。3 贍：充足。4 淖溺：柔弱的水性。5 忽區：模糊不明的天際。6 邅（粵：煎；普：zhān）回：徘徊不前進。7 鴻洞：瀰漫充滿無盡的空間。8 蟠（粵：盤；普：pán）委錯紾（粵：診；普：zhěn）：彎曲迂迴盤旋。9 至：達到最高的境地。

譯文

世上萬物，最柔弱的便是水，然而水大得不能窮盡，深得不可測量，長的流到無窮無盡的極地，遠的流淌到無邊際之處，消耗或減損，以至水量的增加，都不能計量。水氣蒸發上天成為了雨水雲露，落到地面則潤澤大地，萬物沒有水不能生長，所有事情得不到水便不能成功。寬大包容所有生物，而沒有好憎愛惡，惠澤小蟲而不求回報，它使天下富足卻又用不盡，它的善德施予百姓而不會耗損，人不知道它流動的終極盡頭，它細微得難以把握在手裏。攻擊它卻沒有創傷，刺戳它不會留下痕跡，斬砍它不能切斷，火燒它不會燃燒。它仍然柔和微弱地流動，糾纏紛雜，不會散亂分開。水鋒利可以貫穿金屬和石塊，強大的力量通行天下。水流可以無形無影地溶解經過的地方，又可以翱翔於穹蒼之上，盤旋在山川谷窪之間，滔滔奔騰在荒野中。有剩餘或不足時，都會從天地自然中或取或捨，給予萬物恩澤不分先後次序。因此它既沒有私念，也沒有公心，它洶湧振盪，與天地相連，沒有左也沒有右，曲折迂迴，水道縱橫交錯，與萬物共始同終。這就是至高無上的德的境界。水之所以能夠在天下之間成就至高無上的德性，是因為它微細柔弱的滲透方式，潤滑滋養一切生靈。

賞析與點評

作者仔細描述水的各樣特性，以「水」比喻「道」。這個比喻，過往甚少人留意，不過在一九九三年十月於湖北省郭店出土的戰國楚地竹簡裏，其中一篇《太一生水》便同樣闡述了水的特性。該文約三百字左右，是各家經典中最早談到物質性的「水」，它與《淮南鴻烈》同樣指出水蘊藏着天地大道的哲理，並通過觀察水性的物質現象來「悟道」，領會玄妙神化的思維道理。通過恬靜柔弱的水，可以領悟到拙巧、餘白、無為、養性、重生等等大道的智慧。

以下總結了文中有關水的物質特性，只要明白了水的大道含意，便能夠領悟到最高的道的境界。

一、水性柔，可以無限變化任何形狀，適合任何外在環境。

二、水性弱，可以接受委屈，同時積聚力量而變成剛強，力大無窮。

三、海水深不可測，有如聖人的智慧深遠寬廣。

四、水無窮無盡，充滿了無邊際的玄穹，可以循環於宇宙空間（例如以水蒸氣的形態存在於宇宙間）。

五、水有多種形態，例如水有氣態的水蒸氣、液態的雨水和固態的冰，只有水這種物質兼具三種形態。水的份量不會減少，因它一直循環在水文圈內不會消失。

六、萬物都要以水作為生存條件。

七、不論污濁和潔淨，水都會包容，不會排斥任何物類。

八、水的高尚道德是「潤下」，水滋潤一切而不求回報。

九、水可滲透到最微細的地方，攻無不克，高山不能阻擋，利劍不能擊傷，不能被破壞拆散，它迂迴曲折的能力最強，能夠默默地前進，因此水必定能達到目標。

十、水的耐性成就一切，可以滴水穿石，用時間和用柔靭的集中力切割鋼鐵。

夫無形者，物之大祖也；無音者，聲之大宗也。其子為光，其孫為水，皆生於無形乎！夫光可見而不可握，水可循而不可毀，故有像之類，莫尊於水。出生入死，自無蹠有[1]，自有蹠無，而以衰賤矣！是故清靜者，德之至也；而柔弱者，道之要也；虛無恬愉者，萬物之用也。

譯文

沒有形狀，是萬物的始祖；沒有音韻，是聲響的祖宗。無形的兒子是光，它的孫子是水，都是從無形生出來的！光可看得到卻無法緊握，水可以跟循卻不能被毀滅。故此有形像的物類，以水最為尊貴。水以外的各種有形物類，都有產生至衰亡的過程，即由無到有，又由有到無，最終都衰亡而被賤視。所以清靜的狀態，是德的最高境界；而柔和軟弱，是大道的重要特徵；虛靜無待恬淡愉悅的原則，可應用在萬物當中。

賞析與點評

水是一種有形體的物質，但它不能被毀滅。本段對光和水的觀察，完全符合了現代的物理學理論。水蘊含着宇宙最大最好的原始特性，人類必須特別尊重和愛護。

所謂無形者，一之謂也。所謂一者，無匹合於天下者也。卓然獨立，塊然獨處，上通九天，下貫九野。員不中規，方不中矩，大渾而為一葉，累而無根，懷囊天地[1]，為道開門，穆忞隱閔[2]，純德獨存，布施而不既，用之而不勤。是故視之不見其形，聽之不聞其聲，循之不得其身，無形而有形生焉，無聲而五音鳴焉，無味而五味形焉，無色而五色成焉。是故有生於無，實出於虛，天下為之圈，則名實同居。

注釋

1 懷囊：囊括，懷有一切。2 穆忞（粵：民；普：mín）隱閔：無形無影隱蔽的形態，指無形之物。

譯文

所謂無形，就是達到混一的狀態。所謂混一，就是無所不包含於天地的範圍。它超卓地獨立，單一地獨處，向上通達最高的九重天，往下貫通廣大的九野。它圓圓的，可是不能用規來量度，它方方的，卻不能用矩來測量。龐大渾和為一，不斷積累而無窮盡。它胸懷天地萬物，是大「道」的門戶。有秩序而無形無影，純粹的道德獨立地存在，惠澤萬物而無休止，運用的時候也不會太忙碌。故此人看不見它的形狀，聽不到它的聲音，觸摸不到它的身軀，無形的大道產生出有形無聲的狀態卻誕生了五音，無味卻產生了五味，沒有顏色卻混合成五種色彩。故此「有」來自於「無」，「實」來自於「虛」，把天下當作一個大圈，那麼「名」與「實」都在裏面。

道者，一立而萬物生矣。是故一之理，施四海；一之解，際天地。其全也，純兮若樸[1]；其散也，混兮若濁。濁而徐清，沖而徐盈，澹兮其若深淵，汎兮其若浮雲[2]；若無而有，若亡而存。萬物之總，皆閱一孔；百事之根，皆出一門。其動無形，變化若神；其行無迹，常後而先。是故至人之治也，掩其聰明，滅其文章，依道廢智，與民同出于公。約其所守，寡其所求，去其誘慕，除其嗜欲，損其思慮。

注釋

1 樸：未加工成為器具的木材原料。道家思想比喻為天真、篤厚、簡單而厚重的純樸內涵，形容為「樸素」、「樸拙」、「簡樸」。2 汎（粵：泛；普：fàn）：同「泛」，飄浮。

譯文

大道，在定立「一」的規律以後，萬物便跟着產生了。故此「一」的道理施行四海都準確；解構「一」的原理，便知曉宇宙的運行。大道整全的時候，純潔樸素；擴散的時候，混沌得好像污濁般。它由混濁慢慢變得清晰，由虛空漸漸充滿。淡泊時有如深淵，飄浮時有如浮雲；好像無卻是有，好像死亡卻是存在。萬物的總覽，都由「一」這個小孔看到；百事的根源，都由「一」這個門戶開展出來。道活動時沒形無蹤，變化有如神靈；道行事沒有痕跡，時常在後面，卻忽然領先。故此道德最高的人管治天下，會閉目塞聽，消滅自己的紋彩，依循大道而廢棄智慮，對民眾一律出於公義之心。約束自己的職守，減少自己的要求，摒去誘惑的追尋，除掉無窮的慾望，消滅自己的思慮。

賞析與點評

文中指出「一」是大道的整體，要明白何謂「道」，必須從整體宏觀去觀照事物，切勿分割來看，這樣才可以理解萬物的變幻。至於西方的客觀分析方法，着重細小部分的分析解構，從而了解事件，或者作一些客觀的暫時性標準，不過這難以理解宇宙大道的全部智慧真諦。

故心不憂樂，德之至也；通而不變，靜之至也；嗜欲不載，虛之至也；無所好憎，平之至也；不與物散，粹之至也[1]。能此五者，則通於神明。通於神明者，得其內者也。是故以中制外，百事不廢；中能得之，則外能收之。中之得，則五藏寧，思慮平，筋力勁強，耳目聰明，疏達而不悖，堅強而不鞼[2]，無所大過而無所不逮。處小而不逼，處大而不窕[3]。

注釋

1 粹：純美無雜質。2 鞼（粵：櫃；普：guì）：折斷 3 窕：不充滿而有間隙，形容「道」及得道者精神的浩大。

譯文

故此心境沒有憂愁與快樂，便達至德的最高境界；貫通事物而不變動，便達至清靜的最高意境；嘗嗜物慾而不擁有，便達至虛無；沒有愛好和憎惡，便達到平淡的最高意境；不追尋外物的分散幻變，便是聚合神粹的最高境界。能夠達到這五種狀態，就能貫通於精神明覺；通於精神明覺的人，便能獲得內在修養。故此以內心控制外面的情況，百事都不會廢敗；心性修養成功，就能保養外形；心性修養成功，便能令五臟安寧，思想平和，筋骨力增強，耳朵和眼睛變得聰明，思想通達而不混亂，意志堅強而不會折斷，沒有太過頭的，也沒有做不了的事情。在小的地方不會感到窘逼，在大的地方不會感到無邊無際。

賞析與點評

「德」、「靜」、「虛」、「平」、「粹」，是五種修養的氣度，當精神心性回歸天性的境界，即是修煉到天人合一的狀態。古人認為「神明」是宇宙的精神清明，不等同於神靈，神靈主宰和控制人們，而通於「精神清明」是指契合天地的精神，令精神明朗，是一種自然而逍遙自在的無約束狀態。

是故不待勢而尊，不待財而富，不待力而強，平虛下流，與化翱翔。若然者，藏金於山，藏珠於淵，不利貨財，不貪勢名。是故不以康為樂，不以慊為悲[1]，不以貴為安，不以賤為危，形神氣志，各居其宜，以隨天地之所為。

夫形者，生之舍也；氣者，生之充也[2]；神者，生之制也[3]。一失位，則三者傷矣。是故聖人使人各處其位，守其職，而不得相干也。故夫形者非其所安也而處之則廢，氣不當其所充而用之則泄，神非其所宜而行之則昧[4]。此三者，不可不慎守也。

注釋 1 慊（粵：欠；普：qiàn）：不足，因不滿足而怨懟悲憤。2 充：充滿人體的物質，能支撐人的生命。3 制：主宰。4 昧：愚昧昏庸，精神不清明的狀態。

譯文 故得道的人，不靠勢力便受人尊敬，不靠錢財便富有，不靠力量便強大，平淡謙虛與低下階層融和，亦可化作飛禽而翱翔天際。像把金錢儲藏於山中，把珠寶隱藏在深海，不接受貨物錢財的利益，不貪圖勢力名位。因而不把健康當成快樂，不為物質不足而悲憤，不因身份尊貴而安逸，不因身份低賤而有危險，形軀、精神、血氣、意志都各得其所，以隨着天地的變化而有所作為。

形軀，是與生俱來的生命住所；氣能量，是生命的支柱；精神，是生命的控制樞紐。一旦失去本位，三者便會同時受損。故此聖人讓形、氣、神各安本位，恪守本職，而且不得干擾其他部分。所以形軀如果處於不安穩的環境便會衰敗，氣能量如不恰當地流動，使用時便會泄漏消耗，精神如不適宜地活動，行為就變成愚昧昏庸。形、氣、神三種要素，不可以不謹慎守護。

夫精神氣志者，靜而日充者以壯，躁而日耗者以老。是故聖人將養其神，和弱其氣，平夷其形，而與道沉浮俯仰。恬然則縱之，迫則用之。其縱之也若委衣[1]，

其用之也若發機[2]。如是，則萬物之化無不遇，而百事之變無不應。

注釋

1 委衣：衣服自然垂下的樣子，比喻幽靜虛心的狀態。2 發機：發動古代的機械性弓弩，比喻敏捷快速。

譯文

精神、氣血如果平靜而且每天補充，身體便強壯，如果心煩氣躁，便會日漸消耗能量而加速老化。故此聖人調養自己的精神，調和抑制氣血，平穩移動形軀，與大自然同步升降浮沉。恬靜的時候放開身心，受到壓迫時則使用調息氣血精神的方法。放開的時候尤如衣服自然下垂，運用的時候就像機弩發動那樣快速敏捷。這樣，萬物的變化沒有不相合的，百事變遷沒有不能應付的。

賞析與點評

這裏清楚指出修養精氣神對身心健康和獲得大道智慧都有多方面的裨益。

卷二　俶真

本卷導讀——

「俶」是開始、開端的意思；「真」是真實、純真的意思，是「道」的內涵的主要素質。本卷以得「道」為目標，說明如何養性存神，以達到天人合一的境界。此外，本卷亦闡述了具備德行的基本客觀標準，解釋「賢人」、「聖人」、「真人」的不同之處：「賢人」只按着做事原則，輔助聖人；「聖人」在不同時代會有不同的德行表現，目標都是建構理想和平大同的社會；至於「真人」則了解大道，明白事物的變遷，以至生死的問題和時空的機遇，他們有看透事物的能力，並且能順着事物的自然規律作出回應，顯示「真人」行道的歷程。本卷對於儒墨兩派「緣飾詩書」的虛偽，加以譏諷，是〈卷一・原道〉的延續，可說是其姊妹篇，兩卷結合就是全書的總綱。卷首描述了宇宙的起源變化，提出返璞歸真、無為而治的主張。

有始者[1]，有未始有有始者[2]，有未始有夫未始有有始者[3]。有有者[4]，有無者[5]，有未始有有無者[6]，有未始有夫未始有有無者。所謂有始者，繁憤未發[7]，萌兆牙蘖[8]，未有形埒垠堮[9]，無無蠕蠕，將欲生興而未成物類。

注釋

1 **有始者**：即天地萬物開始的時候。有，物類，名詞。這裏用倒序的方法去描寫天地宇宙的演化和發展。2 **有未始有有始者**：本句第一、二個「有」字，作動詞；第三個「有」字與第一句的「有」字相同，同為「物類」的意思。全句意思是，在還沒有物類開始發生的時候。3 **有未始有夫未始有有始者**：指在沒有物類開始之前的時期，即比第二句所指的時間更早的時期。這個時期天地混沌，萬物未生。首三句說明了天地初開到萬物出現的經過。4 **有有者**：第一個「有」作動詞，第二個「有」作名詞，指真實存在的物類。5 **無**：萬物以外浩大的空間。6 **有未始有有無者**：指萬物與浩大空間正孕育着分化的階段。7 **繁憤**：不斷積聚。**未發**：未向外散發。8 **萌**：草木發芽。**兆**：剛剛開始。**牙**：同「芽」，草木的初生嫩芽。**蘖**（粵：熱；普：niè）：生長出枝芽。9 **形埒**（粵：劣；普：liè）：清楚的形狀。**垠堮**（粵：銀岳；普：yín è）：邊界。

譯文

（天地演化的倒序有三個階段：）萬物開始的時候；還沒有物類發生的時候；沒有物類發生之前的時候。（從萬物變化的全過程裏有三個階段：）萬物及空間已形成的時候；萬物和空間尚未形成的時候；萬物和空間尚未形成之前的時候。所謂「有始者」，指穹蒼裏眾多能量還未散發出來，就像幼芽剛剛萌芽，天地未分樣子朦朧，一切好像在茫茫地蠕動着，將要生化興盛而物類尚未形成。

夫聖人用心，杖性依神，相扶而得終始，是故其寐不夢，其覺不憂。古之人有處混冥之中[1]，神氣不蕩于外，萬物恬漠以愉靜，攙槍衡杓之氣莫不彌靡[2]，而不能為害。當此之時，萬民倡狂，不知東西，含哺而游，鼓腹而熙[3]，交被天和，食于地德[4]，不以曲故是非相尤，茫茫沉沉[5]，是謂大治。

注釋

1 混冥：天地開始，朦朧不清的黑暗情況。2 攙（粵：參；普：chān）槍：彗星。衡杓（粵：削；普：sháo）：妖氣。攙槍衡杓都是指不祥之兆。彌靡：瀰漫分散。3 熙：嬉戲。4 地德：指五穀。大地厚德載着萬物，供人類使用。5 茫茫沉沉：龐大寬廣的樣子。

譯文

聖人使用心智時，依杖天性和精神，互相扶持依存，得到始終的循環。故此聖人睡覺時不做夢，睡醒了沒有憂傷思慮。古代有人生活在混沌黑暗之中，但精神元氣不會流盪於外間，萬物安然幽恬，愉悅寧靜；彗星的妖邪精氣雖瀰漫分散，卻沒有對人類造成災害。就在此時，萬民沒有拘束，不知道方向，一邊吃着食物一邊遊盪，拍着肚皮耍樂嬉戲，享受着天地間泰和的精神，享受自然大地的恩德，不用委曲詐偽和是非互相懟怨，大地龐大寬厚，國家得到良好的治理。

於是在上位者，左右而使之[1]，毋淫其性；鎮撫而有之，毋遷其德。是故仁義不布而萬物蕃殖[2]，賞罰不施而天下賓服。其道可以大美興[3]，而難以算計舉也。是故日計之不足，而歲計之有餘。夫魚相忘於江湖，人相忘於道術。古之真人，立於天地之本，中至優游，抱德煬和，而萬物雜累焉，孰肯解構人間之事，以物煩其性命乎！

注釋

1 左右：控制和管理。2 蕃：通「繁」。3 美：應為「筴」字，即「策」，數。興：列舉。

譯文

於是在上位主政的人，雖然使喚下屬工作，但不擾亂他們的天性；鎮守安撫四方，佔有他們，但不改變他們的德性。所以仁義不施，而萬物都自然繁衍昌盛，不行賞罰，而天下都折服。這種管治之道，可以從大的方面列舉，卻難以計算清楚。故此以短時間來看，其效果並不明顯，但是長遠來看就功效卓著。好像魚忘記生活在江河湖海裏，人忘記在大道中生活。古代的真人，立足於天地的根本上，憑着中和之氣，胸懷悠閒，擁抱至德，感受暖和，而萬物各自運行，哪有人願意干預人間的事，讓外物煩擾自己的性命呢？

賞析與點評

大道無須巧用心計，仁義的哲理也不用多說，因為「仁義不布而萬物蕃殖」，人自然有純和的良知。至於「真人」不會被事物煩擾，原因是「孰肯解構人間之事，以物煩其性命乎」，他們明白如果纏繞在人間的是非之中，不單只說不清道理，還可能會傷害性命。

是故以道為竿，以德為綸[1]，禮樂為鉤，仁義為餌，投之於江，浮之於海，萬物紛紛，孰非其有？夫挾依於跂躍之術[2]，提挈人間之際，撣掞挺挏世之風俗[3]，以摸蘇牽連物之微妙，猶得肆其志，充其欲，何況懷瑰瑋之道，忘肝膽，遺耳目，

獨浮游無方之外，不與物相弊撥[4]，中徙倚無形之域，而和以天地者乎！

注釋

1 綸（粵：輪；普：lún）：絲質的釣竿繩。2 挾依：依賴。跂躍：指旁門左道的邪術。3 撢（粵：但；普：dǎn）：引。掞（粵：sim3；普：yǎn）：削尖。挺挏（粵：動；普：dòng）：從上往下丟。撢掞挺挏，形容小人鑽營謀私的醜態。4 弊撥（粵：殺；普：shā）：雜糅。

譯文

故此聖人用大道作為釣竿，以道德作為絲線，以禮樂作為魚鈎，以仁義作為魚餌，投入江河裏，飄浮在海面，各種魚鱉紛紛上釣，哪有可能不歸他擁有呢？小人依賴玩弄歪邪的謀術，拉攏人際關係，在庸俗世間中百般鑽營，用取巧的手段得到微利，洋洋得意地宣揚，滿足自己的慾求，更何況有些心懷珍貴的大道的人，忘記生命，丟棄慾望，獨自雲遊於無限廣遠之地，不與萬物混雜糾纏，在遨遊中倚靠無形的領域，而融和於天地中。

今夫積惠重厚，累愛襲恩[1]，以聲華嘔苻嫗掩萬民百姓[2]，使知之欣欣然人樂其性者，仁也；舉大功，立顯名，體君臣，正上下，明親疏，等貴賤[3]，存危國，

繼絕世，決挐治煩[4]，興毀宗，立無後者，義也；閉九竅[5]，藏心志，棄聰明，反無識，芒然仿佯于塵埃之外[6]，而消遙于無事之業，含陰吐陽，而萬物和同者，德也。是故道散而為德，德溢而為仁義，仁義立而道德廢矣。

注釋

1 襲：重複、重疊，承襲。2 聲華：良好華美的聲譽。嘔苻（粵：符；普：fú）：撫養培育。嫗掩：愛撫養育。3 等貴賤：所用禮儀不同，尊敬的心則平等。4 挐：牽引，雜亂。5 九竅：即口、鼻、耳、眼、肛門、陰道。這裏指情慾、物慾。6 仿佯：無約束地遊盪。

譯文

積聚重大寬厚的恩惠，慈愛恩德惠及民眾，以聲譽及榮耀庇蔭萬民百姓，使他們歡欣過活，人人快樂地顯現自己的真性情，這就是「仁」。建立大功勛，立下顯赫的名譽，使君臣親如一體，扶正上下的關係，闡明親疏遠近，平等禮待貴賤有別的人，拯救將亡的國家，繼續滅絕的朝代，決斷處理複雜及煩擾的事務，復興被毀的宗廟，擇立後繼無人的承繼者，這就是「義」。禁絕情慾，隱藏心機，拋棄聰明，返璞歸真，茫然地遊盪在俗世以外，身心逍遙於沒有作為的道中，調息陰陽之氣，與萬物融和大同一體，這就是「德」。故此大道一旦分散就只靠德，德流失之後就只能施行仁義，仁義被樹立起來，就代表道、德被忘記廢棄了。

賞析與點評

仁，通達於所有人類的心性，人能藉此感通他人的喜樂苦惱；義，一般會受個人的生活環境所局限，促使人行正義。人一旦以豐功偉業為目標，便會忽略自我內在的道德修養，可能會變成自大自驕的成功者。

是故聖人呼吸陰陽之氣，而群生莫不顒顒然仰其德以和順[1]。當此之時，莫之領理[2]，決離隱密而自成[3]。渾渾蒼蒼[4]，純樸未散，旁薄為一，而萬物大優[5]，是故雖有羿之知而無所用之[6]。

注釋

1 顒顒（粵：容；普：yóng）：向上仰慕的樣子。2 領理：治理。3 決離：疏導。隱密：沒有絲毫痕跡，自然而然。4 渾渾蒼蒼：天地開始時，萬物混沌迷糊。5 優：多。6 羿：傳說中堯帝時代的神箭手后羿。

譯文

故此聖人只需呼吸天地陰陽的氣息，群眾和物類都一起景仰他的道德，順服歸依。這個時候，無須誰治理的和引導，萬物自然形成。天地開始時混沌迷糊，純樸的天性未有消散，磅礴浩瀚之氣集中為一體，而萬物繁盛眾多，因此，即使有后羿的智慧也沒有發揮的機會。

賞析與點評

在管理學上，上司對下屬有太多指點，下屬只能跟從。如果上司放手讓下屬發揮，並且暗中協助疏導困難，下屬便可發揮自己的潛能，他們的工作自然會有更佳的成果。

是故聖人之學也，欲以返性於初，而游心於虛也[1]。達人之學也[2]，欲以通性於遼廓，而覺於寂漠也。若夫俗世之學也則不然，擢德攓性[3]，內愁五藏[4]，外勞耳目，乃始招蟯振繾物之毫芒[5]，搖消掉捎仁義禮樂[6]，暴行越智於天下，以招號名聲於世。此我所羞而不為也。是故與其有天下也，不若有說也[7]；與其有說也，不若尚羊物之終始也[8]；而條達有無之際。

注釋

1 虛：沒有物質的慾望，虛空闊大的心境。2 達人：知天命，貫通天地而通達人倫。

3 擢（粵：鑿；普：zhuó）：取得，取去。搼：捲縮。4 藏：臟。5 招蟯：糾纏。振縺：綢繆、纏綿，不忍分離的情狀。6 搖消：搖動。掉捎（粵：梢；普：shāo）：搖，抖動。這裏形容仁義禮樂奔走忙碌，不能實行。7 說：古字同「悅」，快樂、愉悅。

8 尚羊：古字「倘佯」，安閒自在地徘徊。

譯文

故此聖人學習，是想返回初始樸素的狀態，輕鬆遊盪的心存活在虛無的境界。通達人倫的學習，想把本性貫通於無邊遼闊之中，覺悟大道於寂靜淡漠裏。世俗的人學習則有所不同，他們摒除道德天性，在內思索憂愁，傷害五臟，在外讓眼睛耳朵勞損，纏繞不休地糾纏於毫末的微利，為仁義禮樂而奔走忙碌，顯露出詐譎巧智，欺騙社會，藉此在世上獲得良好的名聲，這些都是我所羞恥而決不會做的行為。因為利用這種方法而擁有天下，不如擁有歡樂；如果擁有短暫的歡愉，不如安閒自在地活在萬物的初始狀態中，通達於宇宙有無的初始狀況。

賞析與點評

現代人求學問，總是希望拿第一名，要比他人強，《淮南鴻烈》卻提出「返性於初，而游心於虛」，崇尚天真的性情和高尚的修養，認為個人要有樸素的心態，才易於領悟天地的智慧，通達宇宙的自在，獲得最自然的快樂。

是故神者智之淵也，淵清則智明矣；智者心之府也，智公則心平矣。人莫鑒於流沫[1]，而鑒於止水者，以其靜也；莫窺形於生鐵，而窺於明鏡者，以睹其易也。夫唯易且靜，形物之性也。由此觀之，用也必假之於弗用也。是故虛室生白[2]，吉祥止也[3]。夫鑒明者塵垢弗能薶；神清者嗜欲弗能亂。精神已越於外，而事復返之，是失之於本，而求之於末也。外內無符而欲與物接，弊其玄光而求知之于耳目，是釋其炤炤，而道其冥冥也，是之謂失道。心有所至而神喟然在之，反之於虛則消鑠滅息[4]，此聖人之游也。故古之治天下也，必達乎性命之情。其舉錯未必同也，其合於道一也。

注釋

1 鑒：用鏡映照。流沫：流動的水泛起泡沫。2 虛室：指身心。有指內虛室就是身心修煉成虛鬆的狀態。白：比喻道。有指修煉得道時，會生出大智慧，身體會發出巨大光明，身體與房間融為一體，只見白光一團。3 止：歸止，到達目的地而停止。4 消鑠（粵：削；普：shuò）滅息：身心的嘈雜聲音和呼吸聲已經消滅，形容精神祥和寧靜。

譯文

所以精神是智慧背後的源淵，這精神淵源清澈，智慧就明朗了；智慧是內心的府庫，智慧公正則心靈平穩了。人不可以用流水的泡沫映照自己，而必須映照在靜止的水面，因為它平靜；不能在沒有打磨的鐵上照出形狀，而須在明亮的銅鏡前照見影像，因為它平整。唯有平整及平靜，才顯出物體的真實面目。由此可見，有用的事物必定借助無用的事物了。故此心身得到清白大道，吉祥就會降臨。當鏡子明亮，塵垢不能玷污遮蓋它；精神清澈爽朗，嗜慾也不能擾亂它。若果精神已經超越體外，想使它返回過來，這就失去了根本，而尋求末節。外在和內在不能一致，而想處理好事物，是掩蔽了光明大道，只靠耳目尋求知識，這是拋棄光明而走入黑暗之中，這就稱為「失道」。內心嚮往哪裏，精神就熱切地跟隨；內心返回虛無的境界，嗜慾就會消聲滅息，這是聖人的行為。故此古代聖人治理天下，必定通達性命的真情。他們的方法未必相同，但都合乎大道是一致的。

孔、墨之弟子，皆以仁義之術教導於世，然而不免於儡[1]，身猶不能行也。又況所教乎？是何則？其道外也。

注釋

1 儡（粵：磊；普：lěi）：通「羸」，疲憊。

譯文

孔子和墨子的學生，都是以仁義的道理教導世人的，但不免於令身心疲憊，自身都不能實行仁義，又何況要教導他人呢？這是什麼原因呢？因為他們用了大道以外的法則。

賞析與點評

《淮南鴻烈》揭示了現代社會的兩種老師，第一種就如「孔、墨之弟子」，他們是教導仁義的老師，不過都是紙上談兵，自身沒有修養，這樣仁義就變成了死物，學生只會背誦答案，以應付考試；第二種老師則以身為教，他們會自我實踐，也有理論提綱，學生能感受到老師的真誠，生命受到影響。現代更出現了一種莫名其妙的現象，人們會以評核來計算道德，可是一個人必須長久的堅持才算得上是真正有道德的君子，而不是讀完一本書，做一些評估，馬上便成為君子。

若夫神無所掩[1]，心無所載，通洞條達，恬漠無事，無所凝滯，虛寂以待，勢利不能誘也，辯者不能說也，聲色不能淫也，美者不能濫也，智者不能動也，勇者不能恐也，此真人之道也。

注釋

1 掩：損害，因為沒有遮掩而受到損害。

譯文

假如精神不被損害，內心沒有盛載任何事物，心胸通達舒暢，恬靜平和，無事牽絆，沒有阻滯鬱結，虛無寂靜地面對生命，那麼金錢名譽便不能誘惑他，辯論家不能說服他，聲色不能令他淫亂，美好事物不會令他身心放縱，聰明人不能使他動搖，勇武的人不能令他恐懼，這就是真人的大道行徑。

靜漠恬澹，所以養性也；和愉虛無，所以養德也。外不滑內[1]，則性得其宜；性不動和，則德安其位。養生以經世，抱德以終年，可謂能體道矣。

注釋

1 滑：擾亂。

譯文

用恬淡寂靜的心態，可以修養性情；用和氣愉悅的寬廣態度，可以培養德行。外物不會擾亂內心，性情就合宜；品性不妄動，德行便安於本份。人能養生來經世行道，懷抱道德來享天年，可說是真正體悟大道了。

賞析與點評

現代養生導引氣功學以「鬆靜自然」為第一基本原則，要求心身鬆弛平靜，這與《淮南鴻烈》提出的「靜漠恬澹」不謀而合。

古之聖人，其和愉寧靜，性也；其志得道行，命也。是故性遭命而後能行，命得性而後能明，烏號之弓、溪子之弩[1]，不能無弦而射；越舲蜀艇[2]，不能無水而浮。

注釋

1 烏號之弓：良弓的名稱。溪子：亦作「谿」，一說是出產弓弩的國家，一說是居住在山谷的蠻夷所用的弓弩。2 舲（粵：鈴；普：líng）：小船。

譯文

古代的聖人，他和氣愉快而心境寧靜，保持着天性；他的志向能夠順利發揮，是依循了天命。故此人的天性遇到了天命的配合，才能順利發揮；天命獲得天性的滋潤，然後人才能清明，神箭手烏號和溪子雖有弓和弩，但不能沒有弦線就射箭；越國和蜀地製造的小船，不能沒有水而飄浮。

賞析與點評

聖人雖然修養心性，寧靜恬淡，沒有奔騰起伏，但無論怎樣，如要發揮志向，都須配合時間和空間。

卷三　天文

本卷導讀——

本卷依據古代「上考天文」的嚴格治學態度，探索了無盡的穹蒼，並總結了西漢以前的中國星象、天文、曆法的知識，介紹宇宙的起源和天體二十八宿的佈局。它第一次完整記錄了二十四節氣的名稱，雖然今天看來只是陳舊的科學，但它在天文學歷史中卻佔有十分重要的地位。此外，本卷又記述了陰陽五行和十二個月的曆數，演化成古代音樂編制「五音」和「十二律」的過程，成為繼往開來的獨特歷史。

本卷展現了天人類比相感應的思想，最終統合為中國的「天人合一」理論。內文指出「天有四時」而「人亦有四肢」，「天有九重，人亦有九竅」，說明了人類生命珍貴，人們生存的空間不能離開天地。

天墬未形[1]，馮馮翼翼，洞洞灟灟[2]，故曰太昭[3]。道始生虛霩[4]，虛霩生宇宙[5]，宇宙生氣。氣有涯垠[6]，清陽者薄靡而為天[7]，重濁者凝滯而為地。清妙之合專易，重濁之凝竭難，故天先成而地後定。天地之襲精為陰陽[8]，陰陽之專精為四時，四時之散精為萬物。積陽之熱氣生火，火氣之精者為日；積陰之寒氣為水，水氣之精者為月；日月之淫為精者為星辰[9]，天受日月星辰，地受水潦塵埃。

注釋

1 墬（粵：地；普：dì）：同「地」。2「馮馮翼翼，洞洞灟灟（粵：足；普：zhú）」兩句：都是混沌初開無形貌的狀態。3 太昭：即太始，天地有形物的開始。4 霩（粵：廓；普：kuò）：同「廓」。5 宇宙：宇是上下四方的空間，宙是古往今來的時間。6 氣：太極未分陰陽的時候，稱為先天，這時的氣可稱為先天之「炁」，炁就是能量的意義。垠：界限，邊際。7 清陽：指清輕。「陽」同「揚」。薄靡：形容最微小的東西在飛散飄揚。8 襲：合。9 淫：過多，過剩。

譯文

天地沒有形成的時候，混沌無形，迷朦模糊，故稱為太昭。大道開始時是虛空闊大的，虛闊的狀態演化出宇宙，宇宙產生大氣。大氣籠罩着天地直到邊際，清明輕揚的氣散發成為天，厚重混濁的氣聚集停留成為大地。清揚的氣合成容易，厚重混濁的凝結較為困難，故此天首先形成，而地則較後才定形。天地結合精氣成

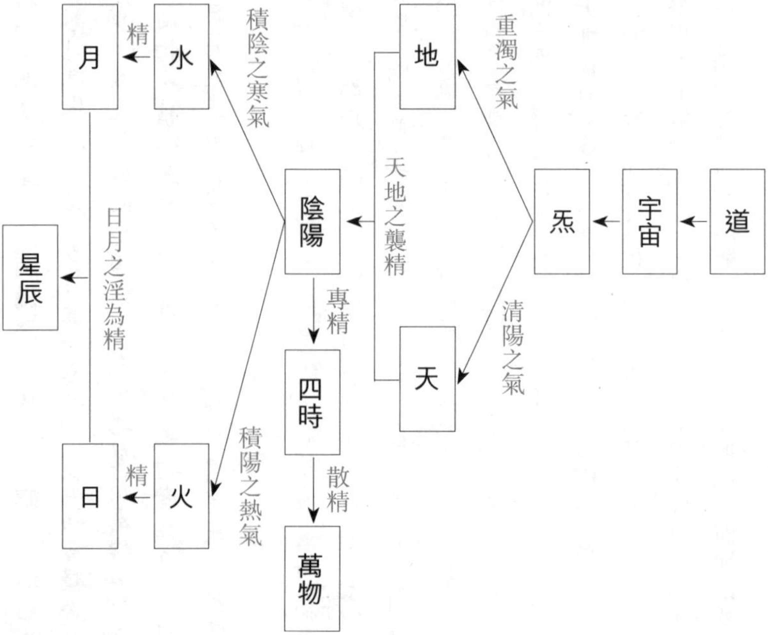
道
宇宙
炁
重濁之氣
清陽之氣
地
天
天地之襲精
陰陽
專精
四時
散精
萬物
積陰之寒氣
積陽之熱氣
水
火
精
精
月
日
日月之淫為精
星辰

「道」演化萬物示意圖

為陰陽，陰陽的精粹結合成為春、夏、秋、冬四季，四季分散精氣成為萬物。陽的熱氣積聚生成為火，火的精華成為太陽；陰的寒氣積聚成為水，水氣的精華成為月亮；日與月的過剩精氣成為了星辰，天承受日月星辰，地承受流淌的水和積集的塵埃。

天道曰圓[1]，地道曰方[2]。方者主幽，圓者主明。明者[3]，吐氣者也，是故火曰外景[4]；幽者，含氣者也[5]，是故水曰內景。吐氣者施，含氣者化，是故陽施陰化。天之偏氣，怒者為風；地之含氣，和者為雨。陰陽相薄[6]，感而為雷，激而為霆，亂而為霧。陽氣勝則散而為雨露，陰氣勝則凝而為霜雪。

注釋

1 天道：指天的法則、天體結構的運行規律。2 地道：指地上所有生物體的生存方法和道理。3 明：光明，或指外在情況，或喻意為陽，與幽為陰相反。4 外景：外間環境的景況，外在空間有光有火的景物。5 含：含養內藏。後來被視為修煉氣功的方法。6 薄：交替，迫近。

譯文

天道是圓形的，地道是方形的。方正的大地主宰幽暗，圓環的蒼天主宰光明。

光明就是吐出氣，故此火稱為外在的景物；幽暗就是含着氣，故此水稱為內在的景物。吐散陽氣是天公在施予，蘊含陰氣是地母掌孕育，故此陽氣施予而陰氣化育。蒼天的氣偏邪，形成怒氣化作風；大地含氣交合，調和轉化為雨水。陰陽二氣互相逼近，振動起來成為雷，激發成為閃電，散亂開來成為霧氣。陽氣佔上風便會散發成為雨露，陰氣佔上風則會凝結成為霜雪。

人主之情，上通于天，故誅暴則多飄風[1]，枉法令則多蟲螟[2]，殺不辜則國赤地，令不收則多淫雨。四時者，天之吏也；日月者，天之使也；星辰者，天之期也；虹霓彗星者，天之忌也。

注釋 1 飄風：暴風，巨大狂風。2 螟（粵：名；普：míng）：一種害蟲，吃禾稻的心髓。

譯文 人間君主的性情，可以向上通達蒼天，故此施行殺戮暴政就有很多暴風，枉法冤獄的政令就出現很多蟲災，殺害無辜民眾就會令國家土地枯乾大旱，不收回惡法就會有很多連續不停的雨水。四季時節，是上天的官吏；日和月，是上天的使者；星辰，是上天的約定期；霓虹和彗星，是上天的禁忌。

賞析與點評

在古人的眼中，彗星是不吉祥的徵兆。在現代天體物理學的研究中，天空中的所有星球，或多或少會影響地球上的人類和一切物質，如果彗星接近地球，大地上的物類都會受到干擾，現時西方也有不少人對「星體時間生物」進行研究。

日冬至則斗北中繩[1]，陰氣極，陽氣萌，故曰冬至為德。日夏至則斗南中繩，陽氣極，陰氣萌，故曰夏至為刑。陰氣極，則北至北極，下至黃泉，故不可以鑿地穿井，萬物閉藏，蟄蟲首穴，故曰德在室。陽氣極，則南至南極，上至朱天，故不可以夷丘上屋，萬物蕃息，五穀兆長，故曰德在野。

注釋

1 冬至：在北半球地區，冬至這天是夜晚最長，日間最短的，陰極而陽生，故有「冬至一陽生」的說法。北斗：北斗星座，是北方上空最光亮的星，一向被人尊崇，古人認為有影響人們壽命的作用。中繩：指向子午經線北端子辰位置。

譯文

冬至的時候，北斗星的斗柄指向子午經線北端子辰位置，陰氣盛極，陽氣開始萌生，故此稱冬至為萬物帶來善德旺氣的節氣。夏至的日子，北斗星的斗柄指向子午經線南端午辰位置，這時陽氣盛極，陰氣開始萌生，故此稱夏至為給萬物帶來刑殺的節氣。陰氣到了極限，太陽向北移至最北的地方，向下到達黃泉，故此這時不可以鑿地挖井。這時萬物隱閉收藏，昆蟲躲在洞穴裏，故此稱為善德旺氣在室內。陽氣到了極限，太陽向南移至最南的地方，向上到達朱天，故此這時不可剷平山丘興建房屋。這時萬物充滿繁殖生息，五穀生長，故此稱為善德旺氣在野外。

季春三月[1]，豐隆乃出[2]，以將其雨。至秋三月[3]，地氣不藏[4]，乃收其殺，百蟲蟄伏[5]，靜居閉戶，青女乃出[6]，以降霜雪。行十二時之氣[7]，以至于仲春二月之夕[8]，乃收其藏而閉其寒。

注釋

1 季：每個季節的第三個月，可依次序分為仲、孟、季三個月。2 豐隆：古代神話中的雷神。一指雲師之名，掌管雲雨。3 至秋：季秋，九月。4 不：應作「下」。5 蟄（粵：姪；普：zhé）伏：動物冬眠，不飲不食過冬。6 青女：傳說中的天神青霄玉女，主管霜雪。7 十二時之氣：從季秋到翌年仲春期間的十二個節氣中的陰冷之氣。

8 夕：一個月的下旬。

譯文

季春三月，雲師出來了，令天下起雨來。季秋九月，大地的暖氣向下埋藏，所以收起陽氣刑殺之氣，各種昆蟲隱伏起來，關閉門戶安靜地躲在洞穴內。這時天神青女出來了，她令天開始降下霜雪。運行十二個氣節（半年）後，至到春天的二月下，就收斂而隱藏，鎖閉着寒氣。

賞析與點評

此段講述天地的陰陽時刻都在循環變動，氣節循環不息。古人有二十四節氣的養生法，人們可依據自然氣候的變化來配合生活，從而達到養生的目的。

天圓地方，道在中央[1]，日為德，月為刑[2]。月歸而萬物死，日至而萬物生。

注釋

1 道在中央：此處指以道為主幹的支柱，支撐着天地。2 月為刑：月和刑都屬陰性，月亮在晚上才出現，而刑罰是指生命離開了正軌。

譯文 上天圓寰，大地方正，道就在中央作為主幹。太陽為善德，月亮為刑罰的代表。所以月亮歸來，萬物死亡；太陽到來，萬物生長。

賞析與點評

道是宇宙活動的總合方程式，太陽散發正能量，月亮令萬物萎縮。方圓、德刑、生死是相對的，當人明白生死是一種自然規律，就不用害怕死亡，而是要好好計劃生命的前路，讓日光照耀他人的潛能，以月光撫慰他人的傷痛，做一個頂天立地的真人。

道曰規[1]，始於一，一而不生，故分而為陰陽，陰陽合和而萬物生。故曰：「一生二，二生三，三生萬物[2]。」天地三月而為一時，故祭祀三飯以為禮[3]，喪紀三踴以為節[4]，兵重三罕以為制[5]。

注釋

1 規：畫圓的工具，泛指標準的規矩。此處暗喻道是圓的，是玄妙的，是規矩標準。

2 三生：第三個元素是「陰陽合和」，結合「一生二，二生三」是完整的三生進化論，屬於哲學的「宇宙生成論」。3 三飯：古代禮制。4 三踴：古代喪禮，三次頓足哀哭，以表示悲痛。5 三罕：王念孫認為應為「三軍」。

譯文

道是規矩原理，開始在一，一不能生出天地萬物，故分開為陰陽，陰陽彼此結合相和，萬物便誕生。故此說：「一生出二，二生出三，三誕生萬物。」天地以三個月為一季，所以祭祀用「三飯」為禮儀，喪禮用「三踴」為禮節，士兵用「三軍」作為編制。

賞析與點評

很多人都誤以為中國的哲學是二元分裂法，其實大道不是一，也不是零，而是一切皆無，它突然「分而為陰陽」，陰陽相互交替，然後產生萬物。陰陽在運動中取得平衡，並且「陽中有陰，陰中有陽」。至於西方則有宇宙統一理論（unification theories），認為宇宙的原始是一根弦，一彈指之間，便會產生各種不同頻率的音韻，各不相擾和諧共存。這弦可以看成是中國的太極，靜的時候，人們不知道它的存在，動的時候散播萬物。

三月而為一時[1]，三十日為一月，故三十斤為一鈞。四時而為一歲，故四鈞為一石。其以為音也，一律而生五音，十二律而為六十音，因而六之，六六三十六，故三百六十音以當一歲之日[2]。

注釋

1 時：時節段落，即季節。2 三百六十：農曆以三百六十日為一年，是三的倍數，六十也是三的倍數。此段配合上節，用三證明生成事物的基因數。

譯文

三個月為一季，三十日為一個月，所以三十斤稱為一鈞。四季合為一年，故此四鈞稱為一石。以音樂來說，一個律節可產生五個音調，十二個律節可成為六十個音調，因為乘以六，六乘六等於三十六，故此三百六十個音調相當於一年的日數。

賞析與點評

古代的度量衡單位是配合天地的基本數理而設，作為統一的標準。古時亦有五音和類似現代的七音，不過以五音為基礎，多用五音節，少用七音節而已。

天地以設，分而為陰陽，陽生於陰，陰生於陽。陰陽相錯，四維乃通[1]。或死或生，萬物乃成。蚑行喙息，莫貴於人。孔竅肢體[2]，皆通於天。

注釋　1 四維：東南西北四方。另有一說是上、下、左、右，上下是天地，背北面南，左右是太陽升降的東西方，是活動的循環。2 孔竅：人體五官等孔穴，指一切身體向外交流的孔穴通道。

譯文　天地設立後，分開成為陰陽，陽由陰所生，陰由陽所生。陰陽互相交錯，四方自然通達。或者死，或者生，萬物才能生成。用腳爬行和用口呼吸的動物，沒有比人更寶貴的。人的孔道竅穴和肢體，都是氣通天地。

天有九重[1]，人亦有九竅；天有四時以制十二月，人亦有四肢以使十二節[2]；天有十二月以制三百六十日，人亦有十二肢以使三百六十節[3]。故舉事而不順天者，逆其生者也。

注釋　1 九：言其多，因為物質性的天不能分層次。2 十二節：指手掌（或腳掌）、前臂、上臂三個部分，分在四肢，成為十二節。即下句所講的十二肢。3 三百六十節：指人體骨節有三百六十節。人體骨骼，有三百餘根，加上軟骨數量，接近三百六十這個數量。

譯文

天有九層，人亦有九竅；天有四季，配置十二個月，人亦有四肢，配合成十二節使用；天有十二個月，配置三百六十天，人亦有十二肢體，配合成三百六十節使用。故此行事不順從天時，就是違逆生理。

賞析與點評

有人反對把中華文化的哲理融入人體，不認同天人合一的思想。可是人的四肢確由三節所組成，「人亦有四肢以使十二節」是生物學的事實。

卷四　墬形

本卷導讀——

本卷吸收了《山海經》和《尚書·禹貢》的地理知識，內容包括廣博的見聞異物，又用當時的科學眼光加以描述，漸漸脫離上古神秘的面紗，是漢代最重要的地理文獻。此卷又呈現出古代的宇宙觀，解釋「天地」為實有的大自然，不同的地理環境會產生出不同面貌、種族，以至各具特色的風土人情，並且影響着人們的心理和生理特徵，展示出適應環境，就是生存的第一條件。

現代人常認為人類是地上的主宰，可以使用土地和一切資源，更是生物圈中的王者，於是利用科技武器，抵禦體積較大和力量較強的禽獸，以為人類擁有生殺大權。然而古人早有勸喻，要陰陽平衡，生生不息，就應與天地的動、植、飛、潛為友。若結合上一卷的〈天文〉，就可以理解《淮南鴻烈》天地人合一的思想，人類必須遵循此道才可以永續發展。假如繼續濫用資源，破壞地球生態平衡，只會導致惡性循環，令地球上的所有生物受害。

墜形之所載，六合之間，四極之內，照之以日月，經之以星辰，紀之以四時[1]，要之以太歲。天地之間，九州八極，土有九山，山有九塞，澤有九藪[2]，風有八等，水有六品。何謂九州？東南神州曰農土，正南次州曰沃土，西南戎州曰滔土，正西弇州曰并土，正中冀州曰中土，西北台州曰肥土，正北沸州曰成土，東北薄州曰隱土，正東陽州曰申土。

注釋

1 紀之以四時：大地以四季為規範。紀，準則，治理。四時，即四季。2 藪（粵：手；普：sǒu）：雜草叢生的大湖澤。

譯文

大地所負載的，是上下四方六個空間，東南西北四個極地之內。它被太陽和月亮照耀着，被星辰包圍着，受四季循環規範着，太歲為其正天時。廣闊天地之間，九州佈滿八方的盡頭，大地上有九座大山，山有九個要塞，有九大湖澤，風力分成八等，水有六種品級。什麼是九州？（以河南省為中央）包括東南方神州叫農土，正南方次州叫沃土，西南方戎州叫滔土，正西方弇州叫并土，正中位置冀州叫中土，西北方台州叫肥土，正北方泲州叫成土，東北方薄州叫隱土，正東方陽州叫申土。

何謂六水？曰河水、赤水[1]、遼水[2]、黑水[3]、江水、淮水[4]。

注釋

1 **赤水**：又稱為噴赤河，位於新疆省帕米爾高原，是中國的最西部邊界。2 **遼水**：即遼河，源出共有三處：一、新遼河源自大興安嶺南麓。二、西遼河源自熱河省承德縣北方的老圖山。三、東遼河源自吉林省哈達山。全長達一千四百三十公里。3 **黑水**：源於外蒙古肯特山東麓及俄國倬功士山之北，主流經興安省、黑龍江省、合江省，江水顏色暗綠，古時稱為「黑水」。長約四千五百公里，是中國第三大河流。4 **淮水**：發源於河南省南部的桐柏山，全長約九百公里，流經河南、安徽、江蘇三省。現稱「淮河」。

譯文

有那六條水道？是黃河、噴赤河、遼河、黑龍江、長江和淮河。

賞析與點評

此段提到六條主要河流，比喻水包圍着人類。

凡八殥八澤之雲[1]，是雨九州。八殥之外，而有八紘[2]，亦方千里：自東北方曰和丘，曰荒土；東方曰棘林，曰桑野；東南方曰大窮，曰眾女；南方曰都廣，曰反戶；西南方曰焦僥，曰炎土；西方曰金丘，曰沃野；西北方曰一目，曰沙所；北方曰積冰，曰委羽。凡八紘之氣，是出寒暑，以合八正，必以風雨。

八紘之外，乃有八極：自東北方曰方土之山，曰蒼門；東方曰東極之山，曰開明之門；東南方曰波母之山，曰陽門；南方曰南極之山，曰暑門；西南方曰編駒之山，曰白門；西方曰西極之山，曰閶闔之門；西北方曰不周之山，曰幽都之門；北方曰北極之山，曰寒門。凡八極之雲，是雨天下；八門之風[3]，是節寒暑。八紘、八殥、八澤之雲，以雨九州而和中土。

東方之美者，有醫毋閭之珣玗琪焉[4]；東南方之美者，有會稽之竹箭焉；南方之美者，有梁山之犀象焉；西南方之美者，有華山之金石焉。西方之美者，有霍山之珠玉焉；西北方之美者，有昆侖之球琳、琅玕焉[5]。北方之美者，有幽都之筋角焉；東北方之美者，有斥山之文皮焉；中央之美者，有岱嶽，以生五穀桑麻，魚鹽出焉。

注釋　1 殥（粵：人；普：yín）：偏遠的地方。八澤：指大澤、少海、元澤、浩澤、丹澤、泉澤、海澤、寒澤。2 紘（粵：宏；普：hóng）：指包在八殯周圍外更遠的區域。3 八門之風：八個方向吹來的風，包括：東北方的炎風（或稱融風）、正東方的滔風（或稱明庶風）、東南方的熏風（或稱清明風）、正南方的巨風（或稱凱風）、西南方的淒風（或稱涼風）、正西方的飂風（或稱閶闔風）、西北方的厲風（或稱不周風）、正北方的寒風（或稱廣莫風）。4 醫毋閭（粵：盧；普：lǘ）：山名，在遼寧大淩河以東。珣玗（粵：荀餘；普：xún yú）琪：玉名。5 球琳、琅玕（粵：郎干；普：láng gān）：都是美玉名。

譯文

八方偏遠的地方及八個大湖泊所形成的雲，化為雨水降在九州。八方偏遠地方之外，又有八處更遠的土地，都是方圓千里以上的地方，由東北方起稱為和丘及荒土；東方稱為棘林及桑野；東南方稱為大窮及眾女；南方稱為都廣及反戶；西南方稱為焦僥及炎土；西方稱為金丘及沃野；西北方稱為一目及沙所；北方稱為積冰及委羽。八紘的氣流，形成寒暑，八方風向均衡調配，便會興起風雨。

八紘之外，又有八座極高的山，從東北方起稱為方土山或蒼門；東方稱為東極山或開明門；東南方稱為波母山或陽門；南方稱為南極山或暑門；西南方稱為編駒山或白門；西方稱為西極山或閶闔門；西北方稱為不周山或幽都門；北方稱為北極山或寒門。八座高山形成的雲，化作雨水降於天下；八座山門的風，調節着寒暑。八紘、八殥，八澤所形成的雲，都化成雨水降落於九州，潤和了中原的土地。東方美好的物產，有遼東醫毋閭山的美玉；東南方的美好產物，有會稽山出產的竹製弓箭；南方的美好物產，有衡山的犀牛角和象牙；西南方的美好物產，有華山的金屬和玉石礦藏；西方的美好物產，有河東霍山的夜光珠和五彩玉器；西北方的美好物類，有昆侖山出產的球琳和琅玕美玉。北方的美好物產，有雁門以北幽都的鹿筋、羚羊角和牛角等；東北方的美好物產，有斥山出產的虎豹獸皮；中部地區的美好物產，有泰山岱嶽的五穀、桑麻和魚鹽都。

賞析與點評

此段記錄了偏遠地區的地理風物和各地的物產，資料詳細，現代的讀者能藉此了解當時「一方水土一族人」的現實狀況。由此反映了大地德厚載物，品種豐盛，滋養饒益眾生。

凡地形，東西為緯，南北為經；山為積德，川為積刑[1]；高者為生，下者為死；丘陵為牡[2]，谿谷為牝[3]；水圓折者有珠[4]，方折者有玉；清水有黃金，龍淵有玉英[5]。

注釋　1刑：有控制事物的特殊力量，刑罰，用力量懲罰犯罪的人。2牡：雄性，引申為陽。3牝（粵：pan[5]；普：pìn）：雌性，引申為陰。4圓折：指水流旋轉曲折。5龍淵：古人相信龍居住於深淵，故稱為龍淵。

譯文　所有地形位置，東西方向為緯，南北方向為經。高山培育不同的生物，積聚美德，河川匯聚各地的小支流，積聚水的特殊力量。向高向上的地方促使生物生長，向低向下的地方加速生物死亡。丘陵凸出屬於陽性，谿谷低窪藏垢屬陰性。水流圓轉曲折的水域會有珍珠，水紋呈方形曲折的水域會有美玉。清水當中，有不能熔解的黃金，深水的淵泉裏有精美的玉石。

賞析與點評

「山為積德」形容高山孕育出不同的生物，令生命成長，這就是「生生之德」。

土地各以其類生，是故山氣多男，澤氣多女，障氣多暗，風氣多聾，林氣多癃[1]，木氣多傴[2]，岸下氣多腫，石氣多力，險阻氣多癭[3]，暑氣多夭，寒氣多壽，

谷氣多痹[4]，丘氣多狂[5]，衍氣多仁，陵氣多貪，輕土多利，重土多遲，清水音小，濁水音大，湍水人輕[6]，遲水人重，中土多聖人。皆象其氣，皆應其類。

注釋

1 癃（粵：隆；普：lóng）：小便閉塞的病症。2 傴（粵：瘀；普：yǔ）：背脊彎曲，駝背。3 癭（粵：影；普：yǐng）：頸部生腫瘤。4 痹（粵：臂；普：bì）：同「痺」，中醫指由風、寒、濕引起的肢體疼痛。5 狂：應為「尪」。瘦弱，骨骼彎曲變形的疾病。6 湍（粵：tœn^{1}；普：tuān）：水流很急。

譯文

土地各自有不同類別，影響着物種的生長，故此山區雲氣令人多生男孩，沼澤霧氣令人多生女孩，濕熱的瘴氣多令人暗啞，邪風穢氣多令人耳聾，森林的鬱悶氣令人尿閉，樹木的屈氣令人駝背，河岸邊的濕氣令人腫脹，岩洞的石氣令人力大，險阻的地氣令人頸部粗大生腫瘤，暑熱的燥氣令人短命，寒涼的凝氣令人長壽，山谷低窪的聚氣令人痲痺，丘陵的壑氣令人骨骼彎曲變形。平和衍生的氣令人仁慈，山陵的雜氣令人受到誘惑而貪心；鬆軟肥沃的土壤令人行動敏捷，結實貧瘠的土地令人活動遲緩；清澈的水流令人聲音微小，污濁的水流令人聲音渾重；在急流附近生活的人身輕靈活，在遲滯的水流附近生活的人身軀笨重；在九州中央的地區，人群當中多會出現聖人。人的身心都是依仗氣質和地理的特徵，因應附近物類的扶持而成長。

故南方有不死之草，北方有不釋之冰，東方有君子之國，西方有形殘之尸。寢居直夢[1]，人死為鬼，磁石上飛，雲母來水，土龍致雨[2]，燕鴈代飛[3]。蛤蠏珠龜[4]，與月盛衰。是故堅土人剛，弱土人肥，壚土人大，沙土人細，息土人美，秏土人醜[5]。食水者善游能寒，食土者無心而慧，食木者多力而奰[6]，食草者善走而愚，食葉者有絲而蛾，食肉者勇敢而悍，食氣者神明而壽，食穀者知慧而夭。不食者不死而神。

注釋

1 直夢：靈驗的夢境，可以預知未來的事情。2 土龍：古代祭祀求雨的物品，用泥土塑造成龍的形狀。3 鴈（粵：雁；普：yàn）：同「雁」。4 蠏（粵：蟹；普：xiè）：同「蟹」。5 秏（粵：hou^3；普：hào）：不利生物生長的瘠土。6 奰（粵：備；普：bì）：不醉而發怒。

譯文

故此南方有常綠不枯死的草木，北方有永不溶解的冰，東方有長壽的君子國，西方有形軀殘破的屍體。睡覺時有靈驗的夢境，人死後化為鬼，磁石能吸引金屬上升，雲母石會吸附露水，用土龍祈求可令旱天下雨，燕子和大雁依據節氣南北飛翔。蛤蟆、螃蟹、珍珠和烏龜跟隨月亮的盈虧而有盛衰的循環。故此在堅硬土地生活的人品性剛強，在柔弱鬆軟土地生活的人肥壯而圓潤，在黑剛土生活的人身體高大，在沙漠土地生活的人身材矮細，在肥沃土地生活的人長得漂亮美麗，在貧瘠土地生活的人長得醜陋無光。食水的水族生物善於游泳和耐寒，食泥土的蚯蚓類沒有心臟但很聰明，喙食樹木的熊羆類力大而且容易發怒，食草類動物跑得快而且愚蠢，食桑葉類的昆蟲吐絲成繭，最終變成飛蛾，食肉的虎豹類勇敢而慓悍，食氣辟穀的修道人靈明而長壽，食五穀的人類聰明而短命。無須飲食而不死的人，已經修煉成神仙了。

賞析與點評

「食氣者神明而壽」，就是指那些修煉氣功的人，配合煉功而運用體內的潛能，減少飲食，稱為「辟穀」或「食氣」，他們的精神清明靈照，外國稱此為「斷食療法」。

凡人民禽獸萬物貞蟲[1]，各有以生，或奇或偶，或飛或走，莫知其情。唯知通道者[2]，能原本之。

注釋　1 貞蟲：細腰的微小昆蟲。2 知：即智，有智慧的賢士。

譯文　所有人類和飛禽走獸，以至細小的昆蟲萬物，各自有適應環境的生存本能，或單一獨立，或雙數並行互相依靠，或會飛或會走，一般人不能知道其中的奧秘，唯有通曉大道的智慧賢士，能夠探究原本的天理。

是故白水宜玉，黑水宜砥[1]，青水宜碧，赤水宜丹，黃水宜金，清水宜龜，汾水蒙濁而宜麻[2]，泲水通和而宜麥[3]，河水中濁而宜菽[4]，雒水輕利而宜禾[5]，渭水多力而宜黍[6]，漢水重安而宜竹[7]，江水肥仁而宜稻。

注釋　1 砥（粵：底；普：dǐ）：細緻質地的磨刀石。2 汾（粵：墳；普：fén）水：黃河第二大支流，發源於山西省。蒙濁：或作「濛」，不清澈，混濁。3 泲（粵：濟；普：jǐ）水：即濟水。4 菽（粵：淑；普：shū）：豆類的總稱。5 雒（粵：洛；普：luò）水：

即洛河，位於河南省西部。6 渭水：黃河第一大支流，發源於甘肅省。7 漢水：長江第一大支流，發源於陝西省南部。

譯文

故此清白的水，適宜出產美玉，黑色的水，適宜出產細緻的磨刀石，青水適宜出產碧綠翡翠，赤水適宜出產丹砂，黃水適宜出產黃金，清水適宜養龜，汾水混濁適宜種植麻，泲水通和適宜種植麥類，黃河水中央有泥濁，適宜豆類的生長，洛水輕軟多礦物質，適宜種植禾稻，渭水流動力大，適宜種植黍類，漢水非常安穩，適宜種植竹林，長江水肥沃，適宜種植五穀。

賞析與點評

本段寫出各種河流的不同物產，雖沒有科學説明，但現代的研究卻證實了大部分礦物可以溶解於水，影響水的性質和功能，配合土壤的礦物含量，便會種植出不同的物產。

木勝土[1]，土勝水，水勝火，火勝金，金勝木[2]。

注釋

1 勝：克制，優勢，阻擋。2「木勝土」五句：木、土、水、火、金是五大類物質的分類形式，這裏按五行克制的情況作為排列次序。

譯文

（在五行中）木克制着土，土克制着水，水克制着火，火克制着金，金克制着木。

賞析與點評

五行互相克制、優勝的概念其實可應用於現實中，例如種植樹木，可以阻擋水土流失；高山泥土可淤塞河道，令水流改道；水可以降低火的溫度和滅火；猛火可令金屬熔解；金屬可以製成利器，雕刻木材或砍伐樹木。

音有五聲[1]，宮其主也；色有五章[2]，黃其主也；味有五變[3]，甘其主也；位有五材[4]，土其主也[5]。是故鍊土生木[6]，鍊木生火，鍊火生雲，鍊雲生水，鍊水反土。

注釋

1 五聲：即宮、商、角、徵、羽。2 五章：即藍、黃、紅、白、黑。3 五變：即甜、酸、甘、苦、辣。4 五材：即五行，指水、火、木、金、土。5 主：主要，主位就是在中央。6 鍊：冶煉，培育，產生，使物質積聚，由量化進步為質化，使性質改變。

譯文

音響有五種聲音，以宮音為主調；顏色有五種，以黃色為主色；味道有五種變化，以甘為主味；方位有五個，以中央土位為主。故此利用土可以長出木，利用木可以生出火，利用火可產生金氣，利用金可生出水，利用水又可返回土地。

賞析與點評

五行的相生相剋，可以用於外在的環境，也可應用於內在的人體。例如中醫用藥，會配合臟腑的規律，是另一種系統的架構。

陰陽相薄為雷[1]，激揚為電[2]。

注釋

1 陰陽：此處理解為雲層氣霧中的陰陽電子。相薄：互相靠近接觸，產生摩擦。2 激揚：被刺激而產生向外飛揚的情況。

譯文

陰陽二氣互相摩擦，撞擊成為雷鳴，刺激飛揚則成為電流。

賞析與點評

古人早已明白天空中的雲層帶着不同的陰陽電子，當它們互相磨擦，便會產生雷聲，而互相激盪又會成為電流的科學現象。

卷五　時則

本卷導讀——

「時」指時間或季節，「則」是法則或原則。本卷敍述了四季的變化規律，以及統治者因應時則所實施的政令。在以往的農業社會中，人們須望天而耕稼，而每個月的天氣都會有很大的變化，因此人必須適應天時的改變，才會獲得豐收。本卷記述了古人在不同的時間採取不同的法則，並且加以配合，反映出當時人類的智慧。解題說：「則，法也，四時、寒暑、十二月之常法也，故曰『時則』。」意思就是按照四季、十二個月的順序，介紹其天象、氣候、農事等。當中反映了作者認為智慧的人應權宜行事，「因時制宜，因地制宜」，不墨守成規，以為民謀福祉。

此外，本卷又闡述了「五位」、「六合」、「六度」的內容，最後在「六度」的「規、矩、準、繩、權、衡」上加以發揮，提出君主作為領導層，必須頒佈合適的政令，幫助群眾解決困難。本卷部分內容是根據《呂氏春秋・十二紀》及《禮記・月令》，故與二書有相同的概念。

孟春之月[1]，招搖指寅[2]，昏參中[3]，旦尾中[4]。其位東方，其日甲乙，盛德在木，其蟲鱗，其音角[5]，律中太蔟[6]，其數八，其味酸，其臭羶[7]，其祀戶，祭先脾。東風解凍，蟄蟲始振蘇，魚上負冰，獺祭魚[8]，候鴈北。天子衣青衣，乘蒼龍，服蒼玉，建青旗，食麥與羊，服八風水，爨萁燧火[9]。東宮御女青色，衣青采，鼓琴瑟，其兵矛，其畜羊，于於青陽左個，以出春令。布德施惠，行慶賞，省傜賦[10]。

注釋

1 孟春：春季第一個月，農曆正月。2 招搖：北斗星系杓端第七顆星的名稱。3 參：二十八宿之西方白虎宿，即現在的獵戶座。中：位於南天正中。4 尾：二十八宿之東方蒼龍宿。5 角：五音之一，其餘為宮、商、徵、羽。6 太蔟（粵：促；普：cù）：十二樂律之一。7 羶（粵：煎；普：shān）：五臭之一，其餘為焦、香、腥、腐。8 獺（粵：察；普：tǎ）：水獺，在水邊生活的動物。9 爨（粵：串；普：cuàn）：用火煮飯。燧（粵：睡；普：suì）：生火的工具。10 傜：勞役的工作。

譯文

農曆正月初春，北斗星的斗柄招搖指向寅位；黃昏的時候，參星位於南天的正中位；晨曦時，尾星在南天的正中。孟春的方位處於東方，天干是甲乙，昌盛的善德在於屬木。它的代表是昆蟲和帶鱗片的魚龍。代表音韻的是角調，樂律是太蔟。它的代表數序是八，代表味道是酸味，代表氣味是羶味，在門戶祭祀，祭祀時把屬木的脾臟放在前面。東風吹來融化冰凍，冬眠的動物昆蟲開始振奮和蘇醒，魚類靠近上層的冰面暢游，水獺開始捉魚吃，大雁準備飛回北方。君主穿着青色的衣服，乘坐青色的龍車，掛上青色的玉佩，插上青色的旗幟。進食麥類和羊肉，飲用八正風吹來所形成的露水，燒豆萁煮飯，使用燧生火。東宮的侍女都穿青色的衣服，佩帶青色的彩飾，彈奏琴和瑟。代表兵器是長矛，代表家畜是羊。大臣們在明堂東向堂的北頭室位置，朝拜君主，發佈初春的政令，君主頒佈仁德的施惠政策，恭行吉慶的賞賜，減輕傜役和賦稅。

賞析與點評

這段描述了天子和宮女按季節穿着相配顏色的衣服，可見古人恪遵天人和諧的舉動非常徹底和全面。

立春之日，天子親率三公[1]、九卿、大夫以迎歲于東郊，修除祠位，幣禱鬼神[2]，犧牲用牡[3]，禁伐木，毋覆巢、殺胎夭，毋麛[4]，毋卵，毋聚眾、置城郭，掩骼薶骴[5]。

注釋

1 三公：西漢初以丞相、御史大夫、太尉為三公；武帝時改丞相為大司徒、御史大夫為大司空、太尉為大司馬，負責教育及行政、國防、刑法等，是三權制衡的機制。2 幣：圭璧。3 牡：雄性的鳥類或野獸。4 麛（粵：迷；普：mí）：初生的小鹿。5 骼：枯骨。薶（粵：埋；普：mái）：通「埋」，埋藏。骴（粵：遲；普：cī）：通「髊」，仍然帶有腐爛肌肉的屍體。

譯文

立春那天，王帝親自率領文武大臣，包括三公、九卿、大夫等到東部的郊區，迎接一年的開始，修整和清掃祭壇周圍的位置，用圭璧玉器向天地祖先祈禱賜福，用雄性牛羊牲畜作為祭品，禁止伐木，不許覆毀鳥巢取走鳥蛋，不可殺害懷胎的動物，以至初生的小鹿和蛋卵物種，亦不能聚集大眾來建築城樓，掩埋暴露在野的骸骨和屍體。

賞析與點評

「禁伐木，毋覆巢、殺胎夭，毋麛，毋卵」表面是很簡單的事情，卻顯示了古人重要的做事原則和睿智，就是有節制：木材要種多年才合用，小鹿要長大才有珍貴的鹿角，如果人們不節約，便會很快用完各種天然資源。

命有司，省囹圄[1]，去桎梏[2]，毋笞掠[3]，止獄訟。養幼小，存孤獨，以通句萌。擇元日，令民社[4]。是月也，日夜分[5]，雷始發聲，蟄蟲咸動蘇。

注釋

1 囹圄（粵：零雨；普：líng yǔ）：監獄，這裏指囚犯。2 桎梏（粵：窒谷；普：zhì gù）：古代監犯的刑具，足部腳鐐為桎，手銬為梏。或一般稱為枷鎖。3 笞（粵：痴；普：chī）：古代用鞭、杖、竹板打犯人的刑罰。4 社：土地神，這裏作動詞用，祭祀土地神。5 日夜分：日間與夜間時間相等，指春分。

譯文

命令刑部的官員，赦免或減輕罪犯的刑期，脱去犯人的枷鎖，不准鞭打囚犯，停止司法訴訟。養育幼小兒童，撫恤孤獨人士，以通達百姓，使他們萌生正面思想行為。選擇良辰吉日，讓民眾祭祀土地神祇。這個月開始，日夜時間平分，雷聲開始鳴動，冬眠的動物昆蟲，全部蘇醒且活動起來。

命司空[1]，時雨將降，下水上騰，循行國邑，周視原野，修利隄防[2]，導通溝瀆[3]，達路除道，從國始，至境止。

注釋　1 司空：主管水利和營造建設的官員。2 隄：同「堤」。3 導：疏導。

譯文　命令主管水利建設的官員，應付季節性的大雨降臨，下水道將會滿溢的情況。要他循着地形巡行全國城市，視察周圍的平原和郊野，修築堤壩及防禦工程，疏通溝渠和河流，清除道路的障礙物，確保從國家的首都到四方邊境都暢通無阻。

賞析與點評

夏天雨季將至，維修堤壩，疏通溝渠，是政府官員份內的工作，不能沒有防備，如官員能為民眾解決問題，就是德政。

日長至，陰陽爭，死生分，君子齋戒[1]，慎身無躁，節聲色，薄滋味[2]，百官靜，事無徑，以定晏陰之所成[3]。

注釋　1 齋戒：為了修養清心寡慾，不飲酒，不吃葷肉。2 薄：淡薄。3 晏：晚上沒有太陽的時間。

譯文

一年中白天最長陽氣最重的夏至，陰陽開始紛爭改變，物類的死生也會分明。君子在這一日，齋戒不飲酒吃葷，慎防身心煩躁，又節制聲色娛樂，飲食清淡，讓身體的各個器官都平靜下來，暫緩事情，以等待晚上陰氣的生成。

賞析與點評

在天地氣候的大轉變中，古人採取配合適應的方法，不擾亂宇宙正常變化的秩序，靜心修養，並且節制過度的聲色慾望，避免煩燥刺激心身。

求不孝不悌[1]，戮暴傲悍而罰之，以助損氣。立秋之日，天子親率三公、九卿、大夫以迎秋于西郊[2]。還，乃賞軍率武人於朝。命將率，選卒厲兵[3]，簡練桀俊，專任有功，以征不義，詰誅暴慢[4]，順彼四方。

注釋

1 求：尋求，查找。2 西：西方為太陽收藏的地方，是陰氣積蓄之處。3 厲兵：將兵器磨得鋒利，整理戎裝，準備作戰。4 詰（粵：竭；普：jié）：查辦，責問。

譯文

清查那些不孝敬父母，不敬兄長，殘酷暴戾傲慢凶悍的人，加以處罰，以助長損殺的陰氣。立秋的那天，君主親自率領三公、九卿、大夫等文武百官，在西郊九里迎接秋天來臨。返回朝廷後，便賞賜軍中的將領和武士。命令將軍率領部隊，選擇精良的士卒，磨礪兵器和裝備，精心訓練傑出的人才，專門任用有戰爭功勞的軍士，去征伐不義的國家，偵辦誅滅暴虐傲慢的人，順應社會人民的心願。

賞析與點評

秋天是收成的季節，在古代，不孝的人會被列為罪犯，並在這個季節中被懲罰。如有不義的軍事侵略，國家會派兵相助，因此殺氣必定集中在秋天。

命有司，申嚴百刑[1]，斬殺必當，無或枉撓[2]。決獄不當，反受其殃。是月也，養長老，授几杖，行稃鬻飲食[3]。乃命宰祝，行犧牲[4]，案芻豢[5]，視肥臞全粹[6]，察物色，課比類，量小大，視少長，莫不中度。天子乃儺[7]，以御秋氣。以犬嘗麻，先薦寢廟。是月可以築城郭，建都邑，穿竇窖[8]，修囷倉[9]。乃命有司，趣民收斂畜采，多積聚，勸種宿麥。若或失時，行罪無疑。是月也，雷乃始收，蟄蟲培戶[10]，殺氣浸盛，陽氣日衰，水始涸，日夜分。

注釋

1 刑：刑法，法律的條文和處罰的客觀細則。2 撓：屈曲，扭曲。3 行：施予，分發。稃（粵：膚；普：fū），可食用的穀殼，例如麥皮類。鬻（粵：粥；普：zhōu）：古「粥」字，稀飯，粥。4 行：準備禮儀的一切工作。犧牲：祭祀用的牲畜。5 芻：食草的牲畜。豢（粵：患；普：huàn）：食穀的牲畜。6 臞（粵：渠；普：qú）：瘦。粹：毛色純一。7 儺（粵：挪；普：nuó）：用舞樂驅除疫病和鬼怪的禮儀活動。8 竇：洞穴，縫隙。9 囷（粵：坤；普：qūn）倉：儲存食物的倉庫，圓的叫「囷」，方的叫「倉」。

10 培戶：指昆蟲準備過冬，把泥土堆在洞口周圍，以便在入冬時堵塞洞口。

譯文

命令司法部門的官員，申述各種嚴明的刑法，判斬殺的案情必須恰當，沒有絲毫冤枉扭曲。判決牢獄的案情如果不合事實，反過來會受到查辦的禍害。在這個月，要頤養長輩和老人，派發几案和枴杖給他們，施予粥飯飲食。命令負責祭祀的太祝，巡視牲畜，按照牲畜的狀況，檢視牠們的肥瘦和有否傷損，察看毛色和體質，比對正常程度，量度大小，估計長短，確保牲畜符合規定的標準。君主舉行驅邪逐疫的禮儀，以抵禦秋天的氣息，防範危難的到來。用狗隻先品嘗麋子，再首先送到祖先的宗廟。這個月可以修築城堡和圍牆，興建首都和城鎮，鑿穿管道通河渠，挖掘地窖，維修倉庫。又命官員發出政令，敦促人民收割採摘，多多積累物資，勸導他們種植超越冬天的小麥。若果錯過了農時，不容置疑地懲罰他們。在這個月，雷聲開始停止，蟄伏過冬的動物昆蟲，都積土在洞口準備過冬，肅殺的陰氣漸漸隆盛，陽氣日漸衰退。水流開始乾涸，秋分那天，白天與晚上的時間長短相等。

賞析與點評

法律一定要嚴謹，否則形同虛設，治亂世用重典，是歷史的經驗。法律必須客觀且人人平等，切勿被濫用，淪為政治工具，謀害忠良。

爵有德，賞有功，惠賢良，救飢渴，舉力農[1]，振貧窮，惠孤寡，憂罷疾，出大祿，行大賞，起毀宗，立無後[2]，封建侯，立賢輔。

注釋　1 舉力農：舉薦致力農業發展的人才。2 立無後：為那些沒有男丁後人的家族選立繼承人，預早解決繼承財產的問題，以免引起紛爭。

譯文　封爵位給有道德的人，賞賜有功勞的人，善待賢明良士，救助飢渴的人，舉薦致力發展農業的人，賑濟貧窮的人，關懷孤兒寡婦，憂慮體弱和長期病患的人。推出高薪職位，實行重大的獎賞，振興瀕臨毀滅的宗族，確立絕後家族的繼承人，分封土地給有功勞的諸侯，選定賢良的人作臣子入仕為官輔助政府。

賞析與點評

自古就有「舉賢輔政」的措施，用人唯賢，「立賢輔」是很好的制度。

北方之極，自九澤窮夏晦之極[1]，北至令正之谷[2]，有凍寒積冰、雪雹霜霰[3]、漂潤群水之野，顓頊、玄冥之所司者，萬二千里。其令曰：申群禁，固閉藏，修障塞，繕關梁，禁外徙，斷罰刑，殺當罪，閉關閭，大搜客，止交游，禁夜樂，蚤閉晏開[4]，以塞姦人，已德，執之必固。

注釋

1 夏：遼闊廣大。2 令正：即「令止」，是胡人的地區。3 霰（粵：線；普：xiàn）：小冰粒。4 蚤閉晏開：指商店縮短營業時間，提早關閉，較晚才開門營業，以防賊人在冬季搶劫。蚤，即「早」。

譯文

北方最遠的地方，由九澤直至遼闊的邊陲，向北到達令止山谷，那裏冰天雪地，非常寒冷，長年都有雪雹霜霰飛揚，是水源儲備的地方，由顓頊和玄冥管治，約一萬二千里。二神的政令包括：申述所有禁條，鞏固和緊閉儲藏倉庫，維修障礙關塞，修繕關卡和橋樑，禁止人民向外隨便遷徙，判斷各種處罰和刑事案件，處決被判死刑的罪犯，關閉城門，大規模搜查外來的歹徒，停止交遊活動，禁絕晚上的娛樂節目，店舖大門要早關晚開，以便阻斷壞人的行動。當捉獲奸徒，必須嚴厲拘押。

賞析與點評

中國部分地區會在冬天下雪，大雪對百姓也是好事，因這能減少蟲害，對明年穀物的收成有好處。此段記述「雪雹霜霰、漂潤群水之野」，指出冰塊是重要的淡水資源，可見古人已有基本的科學知識。

制度陰陽，大制有六度[1]：天為繩[2]，地為準[3]，春為規，夏為衡[4]，秋為矩[5]，冬為權[6]。繩者，所以繩萬物也；準者，所以準萬物也；規者，所以員萬物也；衡者，所以平萬物也；矩者，所以方萬物也；權者，所以權萬物也。

注釋

1 大制：最基礎的大綱領制度、原則。2 繩：本指木工用的墨線。這裏比喻準則、標準。3 準：水平儀，建築樓房最重要的標準。4 衡：秤桿，物品必須與秤錘平衡，才是準確的量度。5 矩：能夠畫直角或方形的工具，亦可表示長度距離。6 權：秤錘。

譯文

制度法則有陰有陽的配搭，基礎有六種大綱領：天是墨繩，地是水平儀，春令是圓規，夏令是秤桿，秋令是矩尺，冬令是秤錘。墨繩，用以判別萬物的曲直；水平儀，用以判斷萬物的平穩垂正；圓規，用以量度萬物的圓周和直徑；秤桿，用以考量萬物的平衡均勢；矩尺，用以計算萬物的方正體積；秤錘，用以量衡萬物的權宜變化。

賞析與點評

規、矩、準、繩、權、衡，反映了古人的智慧，因為這六種事物不單是萬物外在的科學標準，也可以成為人們自己內心的價值標準，規範着個人的行為。

繩之為度也，直而不爭[1]，修而不窮，久而不弊，遠而不忘，與天合德，與神合明，所欲則得，所惡則亡，自古及今，不可移匡[2]，厥德孔密[3]，廣大以容，是故上帝以為物宗[4]。

注釋

1 爭：通「綒」，彎曲。2 匡：彎曲。3 厥德：厥，它的。這裏指繩的善德，正面的讚揚。孔密：孔，細小的狀態，周全細密。4 宗：根本，原始的標準。

譯文

墨繩作為一種量度器具，正直而不會彎曲，可以延長至沒有盡頭，長久也不會破敗，時間遙遠也不會被遺忘，它融合天德互相和應，與神靈結合而明亮；它喜歡的就可以得到，所厭惡的便會滅亡；由古至今，都不可以移動傾斜或彎曲，它的德行善功非常細密周全，廣大而包容，故此上帝以它為萬物的根本。

權之為度也，急而不贏[1]，殺而不割[2]，充滿以貫，周密而不泄，敗物而弗取，罪殺而不赦，誠信以必，堅慤以固[3]，糞除苛慝[4]，不可以曲[5]，故冬正將行[6]，必弱以強，必柔以剛，權正而不失，萬物乃藏。

明堂之制，靜而法準，動而法繩，春治以規，秋治以矩，冬治以權，夏治以衡，是故燥濕寒暑以節至，甘雨膏露以時降。

注釋

1 贏：浮躁過分的行為。2 殺而不割：攻打殺伐沒有仁義的國家，卻不會搶奪物品和割取他國的土地。3 慤（粵：確；普：què）：誠實。4 糞除：剷除，掃除。苛慝（粵：剔；普：tè）：奸邪暴虐的惡人。5 曲：扭曲，指旁門左道的扭曲方法。6 正：即政。

譯文

秤錘作為量度的器具，急行而不能太過浮躁，殺伐而不會割取搶奪，充滿而盈實，周密而不會泄漏，毀壞而不會貪求索取，誅殺罪犯而不會赦免，誠實守信必定做得到，堅定小心不會動搖，剷除奸邪惡人，不會用旁門左道的方法。故此冬季的政令一旦施行，軟弱必定變為強壯，柔弱必定變為剛強，權宜的法度正確被應用，萬物可以收藏畜養。

明堂的制度，平靜時取法於水平儀，行動時取法於墨繩，春季管治用規度，秋季管治用矩度，冬季管治用權度，夏季管治用衡度，故此乾燥、濕潤、寒冷、暑熱都順着季節而出現，甘甜的雨水和濃郁的露水，都按着時間降臨。

賞析與點評

萬物與人類，都受着時間的牽引而改變；唯有道德清明的人，無論在何時何地，都能平衡穩重，準確判明公義善惡，他的德政能夠與日月同光，尤如甘露潤澤大地。

卷六　覽冥

本卷導讀——

本卷的題解是「覽觀幽冥變化之端，至精感天，通達無極，故曰『覽冥』。」意思就是觀覽萬物當中幽冥難以察覺的變化規律。本卷提示人類要撇除巧詐思慮，細心覽察事物的幽微地方，這樣便可發現很多自然現象都是最精微關鍵的所在，若能好好觀察，便能「至精感天，通達無極」，通天達地，感通萬事萬物，全性保真，返回天道，進而證明「無為」的學說。本卷亦通過觀察大量「幽冥」的自然現象和人事，說明事物之間的「同氣感應」關係。

昔者，師曠奏《白雪》之音[1]，而神物為之下降，風雨暴至。平公癃病[2]，晉國赤地[3]。庶女叫天，雷電下擊，景公臺隕[4]，支體傷折，海水大出。夫瞽師、庶女[5]，位賤尚葈[6]，權輕飛羽[7]，然而專精厲意[8]，委務積神[9]，上通九天，激厲至精。由此觀之，上天之誅也，雖在壙虛幽閒[10]，遼遠隱匿，重襲石室[11]，界障險阻，其無所逃之，亦明矣。

注釋

1 師曠：春秋時代晉國的宮廷音樂師，《白雪》是他的音樂作品。2 平公：晉國君主晉平公，公元前五五七至公元前五三二年在位。癃（粵：隆；普：lóng）：嚴重的疾病。3 赤地：因旱災或蟲害而草木不生，土地變得荒涼。4 景公：齊國君主齊景公，公元前五四七至公元前四九〇年在位。隕：崩坍倒下。5 瞽（粵：古；普：gǔ）師：音樂官員。6 尚葈：葈耳，草木植物。7 權輕飛羽：權力輕微得只能夠令羽毛飛揚。8 厲意：激勵意志奮發。9 委務：捨棄外界的事務。10 壙（粵：礦；普：kuàng）虛：墳墓。11 重襲：重疊。

譯文

從前，晉國樂師師曠奏出《白雪》的樂章，神物玄鶴因而降臨，狂風暴雨也突然而來。晉平公故此患上重病，晉國三年乾旱，寸草不生。齊國可憐的寡婦含冤受辱，呼天喊地，雷電交加擊下，毀壞了齊景公的禮台，砸傷齊景公的肢體，海水沖上了陸地。那盲眼的樂師，低賤的民婦，他們的地位比尚葈還要卑賤，權力比飛舞的羽毛更輕，但是當他們集中精力，磨勵意志，拋棄干擾，聚精會神，便可向上貫通九天，激動最深層的精神境界。由此可見，當上天要嚴厲懲罰人時，即使他們身處墓地幽冥的地方，隱匿於遙遠之處，或躲在層層疊疊的石室內，有堅固的險要阻塞，他們也無法逃避懲罰，這是明顯的道理。

賞析與點評

佛教的因果論傳入中國以前，人們就相信神靈會知道民間的疾苦，並作出因果循環的報應，就好像此處所述：「庶女叫天，雷電下擊」，庶女被誣告殺害家姑，於是冤叫驚天，天便以雷電交擊回應她的冤案，令官員三思，這反映了當時的民間思想，也對人類作惡具有阻嚇的作用。

夫全性保真，不虧其身，遭急迫難，精通于天。若乃未始出其宗者[1]，何為而不成！夫死生同域，不可脅陵[2]，勇武一人，為三軍雄。彼直求名耳[3]，而能自要者尚猶若此，又況夫宮天地，懷萬物，而友造化[4]，含至和，直偶于人形[5]，觀九

鑽一[6]，知之所不知，而心未嘗死者乎！

注釋　1 宗：大道的根本正途。2 陵：同「淩」。3 直：簡單直率。4 友造化：與大自然造化融合，成為朋友。5 偶：通「寓」，寄託。6 觀九鑽一：即鑽一而知九，據少知多。

譯文　如人能整全人性，保存真心，不虧耗身軀，當遇到急逼的危難，他的精神仍可保持清靜，通達於天地。如果從來沒有離開大道的根本，還有什麼事不可能成功呀！把死與生看成同一地域的人，是不能威脅凌辱的，一個勇武的人，可以領導軍隊成為雄師。他們這樣只不過為了求取名聲，要求功名的人尚且如此，更何況是胸中藏着天地，心懷萬物，與造化為友，精神含養和氣暢順，只把人的形骸當成寄託，觀察少許就能掌握無限，知道自己所不知的事物，而純真的心性沒有死亡的人呢！

昔雍門子以哭見於孟嘗君[1]，已而陳辭通意，撫心發聲，孟嘗君為之增欷歍唈[2]，流涕狼戾不可止[3]。精神形於內，而外諭哀於人心[4]，此不傳之道[5]。使俗人不得其君形者而效其容，必為人笑。故蒲且子之連鳥於百仞之上[6]，而詹何之鶩魚於大淵之[7]，此皆得清淨之道，太浩之和也[8]。夫物類之相應，玄妙深微，知不能論，辯不能解。故東風至而酒湛溢，蠶咡絲而商弦絕[9]，或感之也[10]。畫隨灰而月運闕，鯨魚死而彗星出，或動之也。故聖人在位，懷道而不言，澤及萬民。君臣乖心，則背譎見於天[11]。神氣相應，徵矣。

注釋

1 雍門子：戰國時代的古琴師，因為住在齊國的雍門，故稱為雍門子。孟嘗君：戰國時期齊國的貴族田文，承襲了父親田嬰的封邑薛（在今山東滕州南部），稱為薛公，門下有食客數千，戰國四公子之一。2 欷（粵：希；普：xī）：抽動的嗚咽聲。歍唈（粵：烏邑；普：wū yì）：悲哀或憤恨而泣，氣結而抽動噎嗚。歍，通「嗚」。3 狼戾（粵：吏；普：lì）：即狼藉，手足雜亂，不知所措。4 諭：向外表露。5 不傳之道：本指不能用形式傳授當中的道理和技巧，這裏指以悲慘的精神感動他人的內心，是不能模仿學習的。6 蒲且子：楚國人，以箭術聞名。7 詹何：戰國時代楚國人，善於釣魚。鶩（粵：務；普：wù）魚：使魚兒游來上釣。8 太浩：天地大自然，太虛浩瀚。9 咡（粵：二；普：èr）絲：指蠶吐絲。咡，口旁，兩頰，口耳之間。10 感：感應，受外界影響而產生感情、變化。11 背譎（粵：決；普：jué）：反常怪異。

譯文

從前，雍門子憑哭泣的歌聲感動孟嘗君而獲其接見，他然後陳述自己哀怨的故事，撫摸着心胸，唱出悲淒的聲調，孟嘗君因而嗚咽抽泣，涕淚交流，不能停止。人的精神凝聚於內，通過歌聲向外流露哀傷，感動他人，這不是能夠傳授的技術。假如平庸的藝人不懂得他演繹人物的內心情懷，只是效法他的容貌和外形，必定會被其他人譏笑。故此蒲且子能夠從百仞高空中射中飛鳥，而詹何能夠讓深淵的魚類游上來上釣，這些都因他們掌握了清淨的道理，懂得運用微妙、浩瀚的和諧現象。物類之間互相感應，非常玄妙微密，智者都不能詳細論述清楚，善辯的人也不能解釋明白。故此東風吹來，美酒會膨漲流出，蠶吐絲的時候，商調琴弦易於斷絕，或許是感應的原因。用蘆葦灰在月光之下畫圓形而缺去一邊，月暈也會出現殘缺，鯨魚在岸邊死亡，彗星便會出現，或許有互動的情況。聖人執政在位時，心懷道德，用無為而治的辦法，無須多言，恩惠便自然施澤萬民百姓。君主和臣子之間互相背離乖曲，太陽旁邊就會出現異常。精神與氣互相感應，會出現一些徵兆。

賞析與點評

《淮南鴻烈》認為在大道宇宙中，事物是互相關連，互相影響的，這種關係是「玄妙深微」的。事物連結在一個整體網絡之內，反覆來回的因果影響便會構成多姿多采的世界。因此聖人不妄動，不種惡因。

夫道者，無私就也[1]，無私去也。能者有餘，拙者不足，順之者利，逆之者凶。譬如隋侯之珠[2]，和氏之璧，得之者富，失之者貧。得失之度，深微窈冥[3]，難以知論，不可以辯說也。

注釋

1 就：親近，靠近。2 隋侯之珠：相傳隋國君主救了一條受傷的大蛇，後來大蛇口銜巨大明珠送給隋君，以報救命之恩。3 窈冥：幽暗深邃的樣子。

譯文

大道，不會偏私地親近和遷就任何人，也不會偏私地離去或疏遠人。能夠實行大道的人有剩餘的能力，愚拙的人永遠才能不足；順着大道的人有利，違逆大道的人有凶險。例如隋侯的明珠、和氏的玉璧，得到它們便會富貴，失去它們則會貧窮。得失之間的差距程度，十分微妙幽深，不能用智慧論述，也不能靠辯才說明。

夫燧之取火於日[1]，慈石之引鐵，蟹之敗漆，葵之鄉日，雖有明智，弗能然也。故耳目之察，不足以分物理；心意之論，不足以定是非。故以智為治者，難以持國，唯通于太和而持自然之應者，為能有之。故嶢山崩[2]，而薄落之水涸[3]，區治生而淳鈞之劍成；紂為無道，左強在側[4]；太公竝世[5]，故武王之功立。由是觀之，利害之路，禍福之門，不可求而得也。

注釋

1 燧（粵：睡；普：suì）：古代取火的工具，即木燧。2 嶢（粵：撓；普：yáo）山：古代雍州內，今陝西省藍田縣東南方的關隘山脈，漢高祖破秦兵於此。又稱為「藍田關」。3 薄落：即涇河，關中八川之一。源自甘肅省平涼西南的六盤山東麓，流入陝西省注入渭河，是渭河水系中的最大支流。4 左強：紂王左右的諛臣奸佞。5 竝（粵：並；普：bìng）：同「並」。

譯文

用木燧聚焦陽光能取火，磁石能夠吸引鐵器，蟹能防止油漆凝固，葵花會向日，即使聰明也不能明白。故此耳目的觀察，不能夠分辨事物的道理；心理意識的論述，不能夠定出是與非。因此以聰明才智來管治的人，難以維持掌管國家，唯有通達宇宙，持守自然大道感應的人，才能夠達到治國之目的。故此嶢山崩塌，薄落河的流水乾涸，區治在生，淳鈎利劍便鑄成；紂王昏庸無道，因為佞臣左強在他身邊；姜太公和周武王一起出生，所以武王的功業告成。由此可見，利與害的道路，災禍幸福的大門，不是祈求或強求便能獲得的。

夫道之與德，若韋之與革[1]，遠之則邇[2]，近之則遠，不得其道，若觀鯈魚[3]。故聖若鏡，不將不迎，應而不藏，故萬化而無傷。其得之乃失之；其失之非乃得之也。今夫調弦者，叩宮宮應，彈角角動，此同聲相和者也[4]。夫有改調一弦，其於五音無所比，鼓之而二十五弦皆應，此未始異於聲，而音之君已形也。故通於太和者，惛若純醉而甘臥以游其中[5]，而不知其所由至也。

注釋

1 韋之與革：韋，經過加工的柔皮。革，去清皮毛的獸皮。韋比革經過進一步的加工，其本質的改變也較革多。這裏以革喻道，以韋喻德。2 邇（粵：耳；普：ěr）：鄰近。3 鯈（粵：遊；普：yóu）：細小的魚，因為細小而難以捕捉。這裏比喻為道，指道雖然近在人們的身邊，但得道是很困難的。4 同聲：音律相同的聲調。5 惛：或作「昏」，迷糊不清。純醉：酩酊大醉。

譯文

道與德的區別，好像革皮和韋皮一樣，當你覺得道很遙遠時，它卻與你十分近；當你覺得它很親近時，它卻相距甚遠。不能夠得到其中的道理規律，好像觀賞水中的小魚，能見卻捕捉不到。故此道的聖明好像一面鏡，不會送走或迎來，但它會真正反映形像而毫無隱藏，所以萬物的變化都不會傷害聖道。自以為得道，實際是失道；失去道的人，其實未必沒有得道。彈奏弦樂的音樂師，叩動大宮，則少宮和應發聲；彈動大角，則少角相應發聲，此是同聲相和的音律道理。若果更改一條弦線的調子，這樣五音就無法互相應和比對，鼓瑟的時候，二十五弦都有應和，聲音沒有太大的差異，但主音部分的內涵已經改變了。故此貫通知曉宇宙的人，昏昏迷迷好像酩酊大醉，酣睡倒卧，在大道之中遨遊，而不知自己從何而來。

賞析與點評

道，是宇宙正常軌道的標準；德，是人們相應於道的行為，這就像音樂的「同聲相和」。此段所述的「甘卧以游其中」可稱為「樂道無待」，即做事沒有等待任何結果的臨到，只順着生命而緩緩前行的狀態。

逮至當今之時[1]，天子在上位，持以道德，輔以仁義，近者獻其智，遠者懷其德，拱揖指麾而四海賓服[2]，春秋冬夏皆獻其貢職，天下混而為一，子孫相代，此五帝之所以迎天德也[3]。夫聖人者，不能生時[4]，時至而弗失也。輔佐有能，黜讒佞之端[5]，息巧辯之說，除刻削之法[6]，去煩苛之事，屏流言之迹，塞朋黨之門，消知能，修太常，隳肢體[7]，絀聰明，大通混冥，解意釋神，漠然若無魂魄，使萬物各復歸其根，則是所修伏犧氏之迹，而反五帝之道也。

注釋

1 當今：指漢代初年。2 拱揖（粵：邑；普：yī）：行禮，拱手作揖。指麾（粵：揮；普：huī）：指揮。3 天德：上天道德的標準意旨。4 生時：生於有運氣的時間之中。5 黜：貶退官職。6 刻削：刻薄而嚴酷。7 隳（粵：輝；普：huī）：損毀。

譯文

直至現今的時代，君主在最高位上，用道德治理國家，以仁義為輔助，身邊的群臣獻出他們的智慧，廣大的民眾感懷君主的恩德，君主從容拱手指揮，天下和順歸服，春夏秋冬四季都依時奉獻朝貢的物品和盡其職責，天下混和為大一統，子孫代代相傳，這是五帝順從上天道德的做法。聖人，是不能創造時運的，他只是在時運到來時不致錯失而已。輔佐有賢能的人，罷貶奸臣以阻止歪風邪道的開始，平息巧言詭辯，廢除刻薄嚴酷的法律，裁去繁雜的瑣事，摒棄流言穢語的傳播，堵塞結黨營私的網絡門路，消除取巧機智，遵遁最高的禮法制度，禁絕貪念，放棄小聰明，通於混沌的境界，解放個人意識，放鬆精神，虛虛渺渺的如同沒有魂魄，使萬物各自回歸到它們的根本上。這是踏上以往伏羲氏的道路，是返回五帝所遵循的大道。

賞析與點評

領袖不能有虛偽的品行，他們必須站在道德的高地「迎天德」，成為大眾的模範，用仁義施政，濟民匡世，把天地的大德實現於人間。

伏戲、女媧不設法度而以至德遺於後世[1]，何則？至虛無純一，而不嘪喋苛事也[2]。《周書》曰：「掩雉不得[3]，更順其風。」今若夫申、韓、商鞅之為治也，捽拔其根[4]，蕪棄其本，而不窮究其所由生。何以至此也？鑿五刑，為刻削，乃背道德之本，而爭於錐刀之末，斬艾百姓[5]，殫盡太半[6]，而忻忻然常自以為治[7]，是猶抱薪而救火，鑿竇而出水。夫井植生梓而不容甕，溝植生條而不容舟，不過三月必死。所以然者何也？皆狂生而無其本者也。河九折注於海而流不絕者，昆侖之輸也。潦水不泄，瀇漾極望[8]，旬月不雨則涸而枯澤，受瀷而無源者[9]。譬若羿

請不死之藥於西王母，姮娥竊以奔月[10]，悵然有喪，無以續之。何則？不知不死之藥所由生也。是故乞火不若取燧[11]，寄汲不若鑿井[12]。

注釋

1 伏戲：即伏羲氏。2 嚶喋（粵：雜碟；普：zá dié）：魚類或水鳥爭食的樣子，喻意貪心多取。3 掩：捕捉。4 挬（粵：撥；普：bó）：撥。5 艾：通「刈」，砍殺，割去。6 殫（粵：丹；普：dān）：盡。7 忻（粵：欣；普：xīn）：同「欣」。8 瀇（粵：枉；普：wǎng）漾：同「汪洋」。9 瀷（粵：亦；普：yì）：水流積聚的樣子。10 姮（粵：衡；普：héng）娥：即嫦娥，后羿的妻子，相傳她偷食長生不死的仙丹，然後飛升月宮。後人為避漢文帝諱，才改「姮」為「嫦」。11 乞火：求他人給予火種。12 寄汲：請求他家賜予井水。

譯文

伏羲、女媧沒有設立法令制度，卻以最高尚的道德榜樣遺留於後世。為什麼呢？因為他們達到虛靜無為而純淨統一的境界，不用不停地講述繁瑣的事件。《尚書・周書》說：「捕捉不到郊外的野雞，便要改變跟蹤的方向。」現今好像申不韋、韓非子、商鞅等人的管治方法，破壞生長和拔除根源，荒廢和拋棄本性，而不查究管治發生問題的原因，以及為何到了這地步；然後雕鑿五種刑罰規條在石上，為求克制和減少罪案，這其實違背了道德的根本，只是在尖錐和刀子的末端爭鬥而已，殺害無辜的百姓，刮盡他們一半財產，很開心地自以為治理得當，這就像抱着柴薪去滅火，鑿開水桶去取水。其實井邊植物生出的嫩枝，禁不起汲水瓦罐的碰撞，河渠長出植物的枝條，妨礙行船，令船舶不能航行，這些植物不會超過三個月，必定死亡。為什麼呢？都是因為雜亂生長而沒有它的根本。河道經過很多曲折才流入大海而不會停絕，是因為得到高聳的崑崙山輸送水源。大雨形成的積水不會流走，廣闊浩瀚，一望無際，但十個月左右不下雨，仍然會乾枯，因為它積聚水源卻沒有源頭。譬如后羿向王母請求不死的仙藥，嫦娥偷走服食後升天飛向月宮，后羿無奈惆悵，不能再得到仙藥，因何原因呢？因為他不知道如何煉成不死仙藥。故此，向別人借火，不如自己懂得用燧生火，寄望別人讓你在井中取水，不如自己鑿一口井。

賞析與點評

西王母賜予人不死仙藥的故事，在漢代非常流行，她是最早的賜藥神仙之一。此外，此段認為「乞火不若取燧，寄汲不若鑿井」，認為應自己生火及鑿井，求人不如求己，這樣更能享受全力以赴的過程和最終成功的結果。

卷七　精神

本卷導讀——

本卷論述了生命的起源、要素及養生之道等重要論題。卷中指出人類的精神是由天而來的，而且形軀會受到大自然直接影響，人體與萬物具有感應的能力，如人能做到「恬愉虛靜」，精神便可穩固。此外，卷中亦指出精神為應用的部分，而心性則是本體，精神是生命的內在主幹，如能確保精氣神不散失，便可護養心性的道德良知，這就是心身修養的合一指引，能讓人和順於大道。這些都闡述了清靜無為的思想。

古未有天地之時，惟像無形，窈窈冥冥，芒芠漠閔[1]，澒蒙鴻洞[2]，莫知其門。有二神混生，經天營地，孔乎莫知其所終極，滔乎莫知其所止息，於是乃別為陰陽，離為八極，剛柔相成，萬物乃形，煩氣為蟲[3]，精氣為人。是故精神，天之有也；而骨骸者，地之有也。精神入其門，而骨骸反其根，我尚何存[4]？是故聖人法天順情，不拘於俗，不誘於人[5]，以天為父，以地為母，陰陽為綱[6]，四時為紀[7]。

注釋

1 芒芠（粵：民；普：wén）：混沌初開幽暗不明的樣子。2 澒（粵：哄；普：hòng）濛鴻洞：宇宙沒有形成之前，空洞混沌的樣子。3 蟲：動物的總稱。4 我：泛指人類。5 不誘於人：不受凡人誘惑，不受人為的物質所引誘。6 綱：綱領。7 紀：法度，準則，紀律。

譯文

盤古未有天地的時候，模糊恍惚有影像而沒有形狀，幽暗混沌不明，無法了解內裏的情況。此時有陰陽二神一起出現，同時造天造地，它們深遠得沒有盡頭，廣闊得沒有邊際。於是分別成為陰陽，分離散佈成為八方極遠之域，以剛強柔和的互相作用形成中和之氣，萬物因此有了形軀。煩雜的氣成為鳥獸蟲魚，精純輕和的氣成為人類。故此人的精神由上天賦予，形骸由大地賦予。精神最終歸入天門，形骸返回大地的根源，人還有什麼留下呢？因此聖人效法天地，順着情理的規律而行，不被俗世所拘束，不受別人誘惑，以上天為父親，以大地為母親，用陰陽為綱領，以四時運行為紀律準則。

賞析與點評

這段解釋了有關「萬物起源」的問題，亦提出到底人生的意義是什麼、人的精神可否永恆長存的問題。道家以逍遙自在為歸宿，文中便指出聖人不爭名利，「不拘於俗」，因為人死後根本無法控制別人給予的讚譽或臭名，因此應學習「聖人法天順情」，快樂過日子便可以。

天靜以清，地定以寧[1]，萬物失之者死，法之者生。夫靜漠者[2]，神明之宅也[3]；虛無者，道之所居也。是故或求之於外者，失之於內；有守之於內者，失之於外。譬猶本與末也，從本引之，千枝萬葉莫不隨也。夫精神者，所受於天也；而形體者，所稟於地也[4]。

注釋

1 寧：心境安定，氣息平和。2 漠：不關心事物。3 宅：暫時寄託的地方，並非長期的住宅。4 稟：承受，天賦。

譯文

上天寂靜得以清明，大地穩定得以安寧，萬物失去清寧必會死亡，依循清寧之性就能生生不息。寂靜幽漠，是精神清明的宅舍；空虛無為，是大道安居的地方。故此，或許求道於外在，便會失去內在的大道；或者守道於內在，就失去外在的大道。好比根與梢的關係，從樹根牽引樹出來，千枝萬葉無一不跟着動。精神，乃受感於天；而形軀身體，則從大地得來。

故曰：「一生二，二生三，三生萬物。萬物背陰而抱陽，沖氣以為和[1]。」故曰：一月而膏[2]，二月而胅[3]，三月而胎，四月而肌，五月而筋，六月而骨，七月而成，八月而動，九月而躁，十月而生。形體以成，五臟乃形。是故肺主目[4]，腎主鼻，膽主口[5]，肝主耳。外為表而內為裏，開閉張歙[6]，各有經紀。故頭之圓也象天，足之方也象地。天有四時、五行、九解、三百六十六日，人亦有四支、五藏、九竅、三百六十六節。天有風雨寒暑，人亦有取與喜怒。

注釋

1「一生二」五句：引自《老子》。沖，注入，調勻。2 膏：原注作「始育如膏也」，指生命的最初狀態如膏脂般。3 胅（粵：迭；普：dié）：本指骨節隆起的部分，這裏指胚胎逐漸成長。4 肺主目：中醫認為五臟與五官有表裏關係。傳統中醫基礎理論是：肺開竅於鼻，腎開竅於耳，肝開竅於眼，心開竅於舌，脾開竅於口。5 膽：與上述五臟不同，膽是六腑之首，膽與肝相表裏。6 歙（粵：吸；普：xī）：合。

譯文

故此《老子》說：「由一產生二，二產生三，三產生萬物。萬物都是背負着陰氣而抱持着陽氣，陰陽二氣交替流動，互相調和成為中和之氣。」故此說人的生命孕育過程是：受孕一個月時，精卵黏結好像膏脂，第二個月開始膨脹起來，第三個月而成胎，第四個月生長肌肉，第五個月生長筋結，第六個月生出骨骼，第七個月形成人形，第八個月開始活動，第九個月胎兒躁動，第十個月便會出生。形體全部長成之後，五臟才可以定形。故此肺部主管眼睛，腎臟主管鼻子，膽主管口部，肝臟主管耳朵。外面的五官是表象，內裏為臟腑，五官按着大道而張開閉合，各自有準則。故此人的頭部圓形像天，腳板方形像大地。天有春夏秋冬四季，水火木金土五行，八方和中央是九解，一年有三百六十六日，人亦有手腳四肢，五臟、九竅、三百六十六個關節。天有風雨寒暑的氣候，人亦有情感上的取予和喜怒。

賞析與點評

天地生化理論大致有兩種，第一種是根據《道德經．四十二章》的系統：「一生二，二生三，三生萬物」，接近正、反、合推演原理，或稱為陰陽推續方式。第二種是《易經．繫辭》的系統：「易有太極，是生兩儀，兩儀生四象，四象生八卦」，這是平方根的數學原理。

夫天地之道，至紘以大[1]，尚猶節其章光，愛其神明，人之耳目曷能久熏勞而不息乎？精神何能久馳騁而不既乎[2]？是故血氣者，人之華也；而五藏者[3]，人之精也。夫血氣能專於五藏而不外越，則胷腹充而嗜欲省矣[4]。胷腹充而嗜欲省，則耳目清、聽視達矣。耳目清、聽視達，謂之明。五藏能屬於心而無乖，則勃志勝而行不僻矣[5]；勃志勝而行之不僻，則精神盛而氣不散矣。精神盛而氣不散則理，理則均，均則通，通則神，神則以視無不見，以聽無不聞也，以為無不成也。是故憂患不能入也，而邪氣不能襲。

注釋

1 紘：廣大，宏闊。2 馳騁：散亂奔騰，難以遏止。3 藏：即「臟」字。4 胷：即

「胸」字。5 勃志：強盛的理性意志。

譯文

天地的大道，極為宏闊廣大，天地尚且要節約它的光彩，愛惜它精神的澄明，人的耳目怎麼可能長久勞慮而不休息呢？人的精神怎能夠長久散亂奔騰而不耗盡呢？故此血氣和五臟，是人的精華。血氣能夠專注於五臟的運行而不向外泄散，那麼胸部和腹部便充實了，嗜慾的念頭也減少了。胸腹充滿而嗜慾減少，則耳朵和眼睛更清明，聽覺和視野通達無阻。耳目清明，聽力和視覺通達，可稱為「明」。五臟能夠受心的控制而不乖戾，那麼人的旺盛之氣佔上風，行為便不會邪僻了。旺盛之氣佔了上風，行為不再邪僻，人的精神便會旺盛，而氣血也不會散失了。精神旺盛而氣不散失，便能夠掌握道理規律，道理能夠平衡，就會產生均勢，有平衡均勢，則會通達自然法規，通達自然法規，則精神飽滿，精神飽滿，就能視無不見，聽無不聞，用以做事，沒有不成功的事。故此憂愁禍患不能入侵，邪氣也不能襲擊了。

賞析與點評

此段與修煉氣功的概念相近，有人認為修煉氣功能令「氣血暢通，百病不生」，改善循環系統，因為「血氣者，人之華也」，氣血飽滿，皮膚氣色自然華麗，內臟血氣充盈，精力自然充沛，並加強防疫系統的機能。

以言夫精神之不可使外淫也[1]。是故五色亂目，使目不明；五聲譁耳，使耳不聰；五味亂口，使口爽傷；趣舍滑心[2]，使行飛揚[3]。此四者，天下之所養性也，然皆人累也。故曰：「嗜欲者使人之氣越[4]；而好憎者使人之心勞；弗疾去，則志氣日耗。」

注釋

1 外淫：流散，向外散失。2 趣舍：即趨捨。滑：擾亂不定。3 飛揚：驕傲放縱。4 越：散失。

譯文

這是說明精神不可向外散失。故此說五色令人眼花繚亂，使眼睛看不清楚；五聲譁亂耳朵，使耳朵不靈敏；五味攪亂口舌，使口舌敗壞；追逐名利擾亂心志，使行為驕傲放縱。這四種東西，是天下人養生的方法，然而卻成為人們的負累了。故此說：「嗜好慾望，令人的精氣散失；喜好和憎恨，令人的心神疲勞；如不盡快拋棄慾望和愛憎，那麼氣血便會日漸消耗。」

賞析與點評

嗜慾減少，耳目的功能便會強化；精神飽滿，人便有靈明的智慧。所謂：「精足不思慾，氣足不思食，神足不思睡。」養生要心身合一，調養形、氣、神，以達到天人合一。

夫人之所以不能終其壽命而中道夭於刑戮者[1]，何也？以其生生之厚。夫惟能無以生為者，則所以修得生也[2]。夫天地運而相通，萬物總而為一。能知一，則無一之不知也；不能知一，則無一之能知也。

注釋

1 中道：人生半路中途。2 修得生：即長生，劉安為避父「劉長」的名諱，於是把所有「長」字都改為「修」字。

譯文

有些人不能得享天年而中途遭受刑罰被殺而死，這是什麼原因呢？因為他們太過貪戀生命了。只有不以活命為目的，才可以修養生命。天地運行互相通達，使萬物歸而為「一」的大道。能夠明白一的整全體用，就無一不知了；不能明白一的整全，則沒有能力知道任何事物了。

賞析與點評

「一」是道，追尋真理睿哲，必須放棄眼前的一切執着，「人之所以不能終其壽命」，是因為貪心名利，耗費精神，以致減壽夭折。這道理看似人人皆知，但減少貪慾的人卻很少。

夫悲樂者，德之邪也[1]；而喜怒者，道之過也；好憎者，心之暴也[2]。故曰：「其生也天行，其死也物化。靜則與陰俱閉，動則與陽俱開。」精神澹然無極，不與物散，而天下自服。故心者，形之主也；而神者，心之寶也。形勞而不休則蹶[3]，精用而不已則竭，是故聖人貴而尊之，不敢越也。

注釋

1 邪：對立偏邪不正的情況。2 暴：暴戾，對心境造成負累損壞。3 蹶：跌倒受損傷。

譯文

過分的悲傷與快樂，是德行的偏邪；而狂喜和暴怒，超過了正道；喜好及憎惡，是心的負累。故此說：「生命的存在是天道的自然行為，死亡是物質的化解。精神寧靜的時候，與陰氣同時閉合，活動時則與陽氣同時開顯。」精神淡泊可延續至無極限，不隨物質流散，天下自然會順服於你的德行。故此人心是形體的主宰，精神則是心的珍寶。形體疲勞而不休息，便容易跌倒損傷；精神耗用不止便會衰竭。因此聖人十分珍重和尊崇精神，不敢超越使用精神正常的限度。

是故聖人以無應有，必究其理；以虛受實，必窮其節；恬愉虛靜，以終其命。是故無所甚疏，而無所甚親。抱德煬和[1]，以順于天。與道為際，與德為鄰；不為福始，不為禍先。魂魄處其宅，而精神守其根，死生無變於己，故曰至神[2]。所謂真人者[3]，性合于道也。故有而若無，實而若虛；處其一不知其二，治其內不識其外[4]。明白太素，無為復樸，體本抱神，以游于天地之樊[5]。芒然仿佯于塵垢之外[6]，而消搖于無事之業[7]。浩浩蕩蕩乎，機械知巧弗載於心[8]。

注釋

1 抱德：在輕鬆愉悅的狀態中，懷抱自然的道德。煬和：煬，通「養」。培養天地祥和之氣。2 至神：最為神妙活潑的境界。3 真人：道家的理想人物，修得真道的人。4 治其內：修養內心。不識其外：不受外間物慾引誘。5 樊：樊籬，界限。6 仿佯：自在而不受約束地遊盪和徘徊。塵垢：俗世，塵世。7 消搖：即「逍遙」。8 機械：

機巧的詐騙，虛偽的動機。

譯文

故此聖人以無形應付有形，必定能深究其中的道理；以虛無承受實物，必定能探索其中的細節，他恬淡愉悦，虛無寧靜，直至生命的終結。故此他沒有特別疏遠現實世界，也沒有特別親近事物。他懷抱自然的德，培養天地祥和之氣，以順應天性。他與大道融合，與德相伴，不成為幸福的開始，也不成為禍患的開端；他的魂魄安處在裏面的住宅，而精神守衛着這個根源；生死對於他都沒有改變，故稱為進入「至神」的妙境。所謂「真人」得道者，其心性能夠融合於大道。故此他有形好像無形，充實好像空虛；他精神專注於一處而不必知其二，修煉內在的道德心性，不受外間的變幻物慾引誘。他潔白純真，無為淡然，回復真樸，軀體融和大道，抱持精神，遨遊於天地界限之間。不受約束地徘徊於俗世塵垢之外，逍遙自在於無所事事的狀態裏。他心胸浩瀚坦蕩而開朗，心中裝不下機巧詐偽。

賞析與點評

文中説「以虛受實」，有些人不敢説自己是天下第一，因為他們認為天外有天，其實如實地講出自己的能力、經驗、創意等，只是顯示出個人的實力。文中又指聖人「順于天」，人只需順着本性發揮潛能，並且「處其一不知其二」，把精神集中於一處，向着目標奔馳，不回頭觀望，這樣就能領悟道。

另一方面，此段指聖人心胸坦蕩，裝不下「機械知巧」，現代的家長應學習這個道理，避免用盡「機械知巧」的心思為子女安排前程，因為孩子可能一生都不快樂，不如讓他們自由地在生命道上奮鬥競跑。

是故其寢不夢，其智不萌，其魄不抑，其魂不騰。反覆終始，不知其端緒，甘暝太宵之宅[1]，而覺視于昭昭之宇[2]，休息于無委曲之隅，而游敖于無形埒之野[3]。居而無容，處而無所，其動無形，其靜無體，存而若亡，生而若死，出入無間，役使鬼神，淪於不測，入於無間，以不同形相嬗也[4]，終始若環，莫得其倫[6]。此精神之所以能登假於道也，是故真人之所游。

注釋

1 甘暝：酣睡，睡得很甜美。太宵：長夜。2 覺：靈明覺醒。3 形埒：界限。4 嬗（粵：善；普：shàn）：演化，演變。5 倫：事情的條理。

譯文

故此真人睡覺時不做夢，他的智慧不會增加，他的陰魄不受抑制，陽魂不會飛騰耗散。他周而復始地運動，不知道他的開端。他酣睡在漫漫的長夜中，卻又清醒地看到昭明的宇宙，他在看不到曲折邊緣的太空休息，在無界限的廣闊曠野中遨遊。他的居所沒有固定的容貌，安處時沒有地方，行動時不見形態，靜止時沒有軀體。他存在着卻又好像消失，活着好像死去。他能進入沒有縫隙的地方，能夠驅使鬼神。他淪陷於深遠莫測之地，進入無間隙的地方。他以不同形相不斷地變遷演化，從開始到終結好像圓環，人們不能得知其中的奧秘條理。這就是他的精神可以通達於大道的原因，這就是真人的行狀。

化者，復歸於無形也；不化者，與天地俱生也。夫木之死也，青青去之也。夫使木生者豈木也？猶充形者之非形也[1]。故生生者未嘗死也[2]，其所生則死矣；化物者未嘗化也[3]，其所化則化矣。輕天下，則神無累矣；細萬物，則心不惑矣；齊死生，則志不懾矣；同變化，則明不眩矣。

注釋

1 充形：令形體充實，指氣能量。2 生生者：令一切生生不息的力量，就是指大道。
3 化物者：能夠化育萬物的功能。

譯文

形體化滅，即是復歸於無形的宇宙；精神不死，可與天地並存。那樹木死後，青色便消失了。使樹木生存，豈止是樹木本身呢？這尤如充滿形體的一切氣能量，並非形體本身。故此產生生命的大道是不會死亡的，而由此產生的生命則會死去；化育萬物的功能是不變的，而由此化育而生的萬物則會變化。輕視天下的一切，那麼精神就沒有負累了；小看萬物，心境便不會被誘惑了；將死生看成一樣，意志就不會有所畏懼；把變化和沒有變化看成是相同的，便會清晰明朗而不會眼花暈眩了。

賞析與點評

很多人為了個人利益和名位而耗損精神，纏繞在物慾的追求上，不斷受誘惑所牽引。如要人們放棄名利、物質，就必須「齊死生」，連死生都不懼怕，悠然地視生死如一，這樣才可令個人的意志力量變得巨大，消除一切恐懼，達到「志不懾矣」的境界。此外，如能夠與事物同步變化，細心觀察物質的花巧，就不會被花花的大千世界所迷倒。

今夫儒者，不本其所以欲而禁其所欲[1]；不原其所以樂而閉其所樂，是猶決江河之源而障之以手也。夫牧民者[2]，猶畜禽獸也，不塞其囿垣[3]，使有野心，系絆其足，以禁其動，而欲修生壽終，豈可得乎！夫顏回、季路、子夏、冉伯牛，孔子之通學也[4]。然顏淵夭死，季路菹於衞，子夏失明，冉伯牛為厲。此皆迫性拂情而不得其和也[5]。故子夏見曾子，一臞一肥[6]，曾子問其故，曰：「出見富貴之樂而欲之，入見先王之道又說之。兩者心戰，故臞。先王之道勝，故肥。」

注釋

1 本：尋求，依據，探尋本源。所以欲：產生慾望的原因。所欲：貪婪的事物。2 牧民：管治民眾。3 囿（粵：右；普：yòu）：飼養禽獸的地方。垣：圍牆。4 通：全部。學：學生。5 拂：違反，違背。6 臞（粵：渠；普：qú）：瘦。

譯文

現今的儒生，不去探求人類產生慾望的原因，只表面上禁制人們的貪婪事物；不探索人類追求享樂的原因，只片面禁止人們享樂。這樣就像挖開長江和黃河的源頭，卻想用手堵塞水源一樣。管治老百姓，好像畜養家禽獸類，不去堵塞圍欄矮牆的缺口，牠們便有野心逃走，再用繩索縛着牠們的腿，禁止牠們活動，想這樣令老百姓長生壽終正寢，怎能做到呢？顏回、季路、子夏、冉伯牛，全部都是孔子的學生，然而顏淵早死，子路在衞國被剁成肉醬而死，子夏雙目失明，冉伯牛身患惡疾。這都是因為壓迫天性和背離人情所造成的不祥和結果。故此子夏先後兩次見到曾子，一次瘦一次肥。曾子問子夏是什麼原因，子夏說：「我出外看見富貴的人很快樂，便想得到富貴，回家後讀了先賢的經典，非常愉悅。於是兩者在內心交戰，所以瘦了；最後先王的大道戰勝了，於是我就肥了。」

賞析與點評

道家對於人類的慾望，不像儒家那樣提倡用禮教來約束，而是要追本溯源。

故知其無所用，貪者能辭之；不知其無所用，廉者不能讓也。夫人主之所以殘亡其國家，損棄其社稷，身死於人手，為天下笑，未嘗非為非欲也。夫仇由貪大鐘之賂而亡其國[1]，虞君利垂棘之璧而擒其身[2]，獻公豔驪姬之美而亂四世[3]，桓公甘易牙之和而不以時葬[4]，胡王淫女樂之娛而亡上地[5]。使此五君者，適情辭餘，以己為度，不隨物而動，豈有此大患哉？

注釋

1 **仇由**：春秋時的小國，在山西省盂縣附近。仇由的國君貪圖晉國智伯饋贈的大鐘，於是離開國都，晉國乘機攻取仇由，仇由因而亡國。2 **虞**：周朝時的小國，在山西省平陸一帶。虞國君因貪圖晉國美玉，於是借道給晉軍，晉國先滅虢國，回程時順路消滅虞國。**垂棘**：晉國出產美玉的地方。3 **獻公**：晉國君主。4 **桓公**：齊國君主。5 **胡王**：西戎胡人的國王，因貪圖女色而被秦國所滅。**上地**：上好肥沃的農地。

譯文

因此，如果知道一件物品沒有用處，貪婪的人就會拋棄它；如果不知道它有沒有用處，廉潔的人不能辭讓放棄它。一些君主之所以使國家殘破衰亡，毀掉社稷，自己死於他人的手中，被天下人恥笑，沒有不是因為胡作非為，過分貪心所致。仇由的國君貪圖大鐘的賄賂，導致國家滅亡；虞國君主貪圖獲得垂棘的美玉，因而被晉國擒拿活捉；晉獻公貪戀驪姬的美貌，以致晉國四代人遭受禍亂；齊桓公喜歡喝奸臣易牙進獻的人肉來調味，死後屍體腐爛生蟲不能及時下葬。西戎胡王沉迷於女色淫樂，結果失去了上好的土地。假使這五位君主能適當地控制自己的情慾，捨棄多餘的物質和慾望，以自己正常的需要為限度，不跟隨外物的誘惑而動貪念，哪會導致如此大的禍患呢？

故射者非矢不中也，學射者不治矢也；御者非轡不行[1]，學御者不為轡也。知冬日之箑、夏日之裘無用於己[2]，則萬物之變為塵埃矣。故以湯止沸，沸乃不止，誠知其本，則去火而已矣。

注釋

1 轡（粵：臂；普：pèi）：駕御牛、馬的韁繩。2 箑（粵：霎；普：shà）：用竹或羽毛製造的扇子。

譯文

所以射箭的人，一定會用箭頭射中目標，然而學射箭的人，就是自己不製造箭；駕御車馬的人，不能沒有控制韁繩的技術，然而學駕御的人，就是自己不製造韁繩。知道扇子在冬天、皮衣在夏天對於自己都是沒用的，所以沒有用的萬物都變為塵埃一樣了。故此加熱水到鍋裏以竭止沸騰，水的沸騰是不能停止的。如果真正明白事物的根本，只要除去柴火，消滅火種，就可止息水沸了。

賞析與點評

現實之中，很多人都沒有深入探索問題的根本原因，或馬虎處理，或維持現有利益，或許智慧不足。其實要徹底解決難題，不一定困難，文中說「故以湯止沸，沸乃不止，誠知其本，則去火而已矣」，最重要的是掌握本源的關鍵，一擊即中，便能迎刃而解。

卷八　本經

本卷導讀——

本卷原題解是：「本，始也。經，常也。本經造化出于道，治亂之由，得失之常，故曰『本經』。」這裏「本」是原本、根本，「經」是經常的意思。本卷的內容就是指出治國之道必須運用大道的原始根本方法，並且經常維持這個原則，順道而無為，清靜而應世，這樣便可以撥亂反正。卷中又指出王者必須修心養性，去除貪慾，成為道德高尚的治國仁君。此外，王者又要以身作則，愛民節儉，調整經濟和財富的分配，令百姓貧富均衡，減少社會紛亂。本卷以上古聖王的治國道德來比對末世君王的成敗得失，段落井然，説服力強。

太清之始也[1]，和順以寂漠，質真而素樸，閒靜而不躁[2]，推移而無故，在內而合乎道[3]，出外而調于義，發動而成於文[4]，行快而便於物。其言略而循理，其行侻而順情[5]，其心愉而不偽，其事素而不飾，是以不擇時日，不占卦兆，不謀所始，不議所終，安則止，激則行，通體於天地，同精於陰陽，一和于四時，明照於日月，與造化者相雌雄。是以天覆以德，地載以樂[6]，四時不失其敘，風雨不降其虐，日月淑清而揚光[7]，五星循軌而不失其行。

注釋

1 太清：原始清氣與物質分離的開始，天地陰陽剛剛形成。2 躁：受到擾亂，妄動。3 內：精神，精、氣、神。4 發動：即行動。文：文理，這裏指合道的文章或規則。5 侻（粵：脱；普：tuō）：坦率而不拘小節。6 地載以樂：大地為萬物提供快樂的家園及環境。7 淑清：清澈明朗的樣子。

譯文

宇宙太清的開始，容和順暢，安靜淡漠，本質純真而且樸素，閒適平靜而不浮躁，任憑事物自然推移發展而不加限制。聖王的內在精神切合大道本體，其外在行為與公義協調，他的行為成為法度規則，行事快捷，方便人情與事物。他的言詞簡略而遵循大道天理，行為坦率不拘小節而隨順人情，他心境愉悦而不偽裝，做事樸素而不掩飾，因此他做事無須特別選擇時間日子，也不占卜求卦，不過分謀慮如何開始，不議論最終的結果，事物安逸時便停止，事物激發時便行動，貫通整體於宇宙之間，讓精神和陰陽互相融匯，一起和合四季，光明照耀於日月，與造化萬物互相往來。因此天把德澤施予萬物，大地為萬物提供快樂的環境，四季氣候不會失去秩序，風雨不會過分暴虐，日和月清澈明亮，放射着柔和的光彩，金、木、水、火、土五星循着軌道運行而不會偏離軌跡。

賞析與點評

對於君子的善德行為與道的感應有一種比喻，天地的大道好比一個鼓，君子的善德越多，這大道之鼓就會被善德擊打，發出鼓聲，最終回饋到君子的生命上，淨化人生。

是故上下離心，氣乃上蒸[1]，君臣不和，五穀不為。距日冬至四十六日，天含和而未降，地懷氣而未揚，陰陽儲與，呼吸浸潭[2]，包裹風俗，斟酌萬殊[3]，旁薄眾宜，以相嘔咐醞釀[4]，而成育群生。是故春肅秋榮，冬雷夏霜，皆賊氣之所生。

由此觀之，天地宇宙，一人之身也[5]；六合之內，一人之制也。是故明於性者，天地不能脅也；審於符者，怪物不能惑也。

注釋

1 上蒸：指清和之氣向上蒸發，不留在人間。2 浸潭：滋潤。3 斟酌：仔細安排。萬殊：萬般不同的事物。4 嘔（粵：虛；普：xū）咐：培育撫養。5 一人之身：一個人的身體，包含宇宙的一切，是天地的縮影，這是傳統人與自然相通的觀點。

譯文

故此上下離心離德，大道清和之氣便上升，君主和臣子不和睦，五穀就不能成熟。由立冬至冬至有四十六天，上天含藏的和氣沒有降下，大地懷着的陰氣沒有上升，陰陽二氣在游離的狀態，互相吸收潤澤，包容了一切風俗，吸納了不同的內涵，仔細安排萬般不同的事物，遍及眾生使其各得其宜，互相撫養培育調配，最終化育了萬物的生命。故此不正常的邪氣造成春天的肅殺，而秋天的正氣則變得榮盛，冬天打雷，夏天降霜，這都是賊邪風氣所產生的反常氣象。由此看來，天地宇宙，好像一個人的身體；六合範圍之內，運行秩序井然，就像一個人的形體和功能。因此明白人類天性的人，天地的變化不能威脅他；明察天地符號的人，怪異的物象也不能迷惑他。

故聖人者，由近知遠，而萬殊為一。古之人，同氣于天地，與一世而優游。當此之時，無慶賀之利[1]，刑罰之威，禮義廉恥不設，毀譽仁鄙不立，而萬民莫相侵欺暴虐，猶在于混冥之中[2]。

逮至衰世，人眾財寡，事力勞而養不足，於是忿爭生，是以貴仁。仁鄙不齊，比周朋黨[3]，設詐諝[4]，懷機械巧故之心，而性失矣，是以貴義。陰陽之情，莫不有血氣之感，男女群居雜處而無別，是以貴禮。性命之情，淫而相脅，以不得已，則不和，是以貴樂。

注釋

1 慶賀：慶賀獎賞。2 混冥：混沌初開的天真純樸狀態。3 比周：聚結成群體，而營謀私利。4 諝（粵：須；普：xū）：陰謀。

譯文

所以聖人能夠從眼前的事知道遙遠的事物，把萬樣不同的事物視為一貫的道理。古代的人與天地同氣，他和整個世界優遊地生活。在這個聖人治理的時期，沒有慶賀獎賞的利益，沒有刑罰的威迫，沒有設立禮義廉恥的條文，沒有定立誹謗、讚譽、仁德和卑鄙的觀念，但是百姓不會互相侵害、欺騙和殘害，人們處還在混沌初開的狀態。

到了衰敗的世道，人口增多而財物很少，人們做事勞碌而供養不足，於是產生了忿怒，彼此你爭我奪，因此人們就提倡仁愛。仁慈君子和卑鄙小人不能一致，他們勾結朋黨營謀私利，設計詐騙陰謀的手段，懷着機謀巧偽的心，喪失了人性，因此人們就提倡正義。人有陰陽男女的情慾，都有血氣方剛的感受，男女聚集一起而沒有分隔是有傷害的，因此人們就提倡禮。人有情慾，如果無節制地宣泄，就會威脅到對方的生命，令人不能應付，形成不和，因此就提倡樂，以疏導過多的情緒。

賞析與點評

此段指出聖人視「萬殊為一」，他們會跟隨大道的事物，優遊隨順，他們所行的就是「德」，無須大道理來約束人性。不過禮樂教化仍有其重要性，例如小孩一旦說謊，就會破壞誠信，日後可能難以改正，所以成年以前的禮樂教化是非常重要的。

是故仁義禮樂者，可以救敗[1]，而非通治之至也[2]。夫仁者所以救爭也，義者所以救失也，禮者所以救淫也；樂者所以救憂也。神明定於天下而心反其初，心

反其初而民性善，民性善而天地陰陽從而包之，則財足而人澹矣；貪鄙忿爭不得生焉。

注釋　1 救敗：挽救道德敗壞的社會。2 通治之至：最高、最徹底的管治目標。

譯文　所以說仁義禮樂這些規範，可以挽救道德敗壞的社會，但它們卻不是最全面徹底的管治方法。提倡仁，可以防止爭奪殺戮；提倡義，可以防止信用的失落；提倡禮，可以防止淫亂的行為；提倡樂，可以防止憂傷的情緒。以道來安定國家天下，人的心就返回天真無慾的初始境界；人的心能夠返回初始狀態，民眾的心就會變得善良；民眾的心善良，天地陰陽自然會跟從，與民性融合為一，這樣財富便會充足，令人情緒平淡，貪心、鄙陋、忿怨、爭鬥的行為便不會發生了。

賞析與點評

其實一般老百姓都是「財足而人澹」，不會貪婪非份內的名利，大部分人都是「民性善」，統治者只須用簡單的禮樂調劑人性，便可令社會形成和諧的氛圍。此段又指出治國不須用深奧的道理，只要順着人性的基本要求，調節情緒的波動，官員以身作則，與民同樂，並且慰問人民的需求，均衡財富就可以了。

是故德衰然後仁生，行沮然後義立[1]，和失然後聲調，禮淫然後容飾[2]。是故知神明然後知道德之不足為也，知道德然後知仁義之不足行也。知仁義然後知禮樂之不足修也。

注釋　1 沮：敗壞，腐化。2 容飾：儀容的修飾和整理，這裏指制定禮法。

譯文　故此品德衰落後才產生仁，品行敗壞後才會確立義，喪失和諧的情感後才用音樂來調節，淫逸之風流行後才制定禮。因此懂得依靠大道治世，然後就會明白德不值得提倡了；明白德的作用後，就知道仁義不值得推行了。知道仁義的作用後，便知道禮樂不值得修養了。

賞析與點評

道德本是純樸的，可是現今社會製造了各種各樣的假道學，且成為美麗的禮教令人盲目跟隨，這種背道而馳的現象，人們必須自己想辦法扭轉過來。

故至人之治也，心與神處，形與性調，靜而體德[1]，動而理通。隨自然之性而緣不得已之化[2]，洞然無為而天下自和，憺然無欲而民自樸，無機祥而民不夭[3]，不忿爭而養足，兼包海內，澤及後世，不知為之誰何。

注釋

1 體：依照。2 緣：順從，遵循生命當中的因緣。3 禨（粵：機；普：jī）祥：吉兆。

譯文

故此至德的人管治天下，內心和精神共存，形軀和天性和諧一致，他在清靜中能體會道德真諦，行動時能通達事理。他順隨自然的天性，順從事物的自然規律去變化，混混沌沌無所作為，天下便自然和諧。他淡泊無慾無為，人民也自然純樸，沒有鬼神的吉兆，人民不會夭折。百姓沒有憤怒和爭鬥，生活供養充足。他的德澤遍佈天下，恩澤延續後世，但人們不知道誰施予這些恩德。

帝者體太一[1]，王者法陰陽[2]，霸者則四時[3]，君者用六律[4]。秉太一者，牢籠天地[5]，彈壓山川，含吐陰陽，伸曳四時[6]，紀綱八極[7]，經緯六合[8]，覆露照導，普汜無私[9]，蠉飛蠕動，莫不仰德而生。陰陽者，承天地之和，形萬殊之體，含氣化物，以成埒類[10]，贏縮卷舒，淪於不測，終始虛滿，轉於無原。四時者，春生夏長，秋收冬藏，取予有節，出入有時，開闔張歙[11]，不失其敍，喜怒剛柔，不離其理。六律者，生之與殺也，賞之與罰也，予之與奪也，非此無道也。

注釋

1 帝：上古聖帝。體：取法，效法，遵從。太一：形成天地萬物的元氣。2 王者：天子明王，使人信服。3 霸者：在諸侯國之中能夠稱霸者，令人懾服。4 君者：未稱王的小國君主。5 牢籠：籠罩，包攬。6 伸曳：調和，控制。7 紀綱：管轄。8 經緯：治理，規劃有條理。9 普氾：普遍廣泛。10 埒類：有形的物類。11 歙（粵：脅；普：xié）：收斂。

譯文

聖帝取法太一的大道，明王效法陰陽，霸主以四時為原則，國君使用六律。太一大道，以元氣包攬天地宇宙，征服所有山川，調配陰陽，控制調和四季，管理八方，規劃六合上下，覆蓋、展露、顯照、引導萬物，無私廣泛地施恩惠予一切物類，包括飛行和爬行的生物，沒有一類不是仰仗它的恩德而生存的。陰陽，承接天地的中和之氣，形成萬物不同的形體，含藏着元氣化育物類，以造成各種不同的生物。它長短伸縮，進入不能測量的領域，來回於開始和終結，從空虛到滿溢，輾轉於無法探究的根源。它能夠掌握四時的變化，春天生育，夏天成長，秋天收穫，冬天儲藏；收取和給予都按節令而行，進出依時；開閉張合，不會失去它的秩序，喜怒剛柔，不會離開它的道理。六律，是指生和殺、賞和罰、給予和奪取，除了這六項，沒有其他方法。

是故體太一者，明于天地之情，通於道德之倫，聰明燿於日月，精神通於萬物，動靜調於陰陽，喜怒和於四時，德澤施於方外[1]，名聲傳于後世。法陰陽者，德與天地參，明與日月竝，精與鬼神總，戴圓履方，抱表懷繩[2]，內能治身，外能得人，發號施令，天下莫不從風。

注釋

1 施於方外：施行延伸至國家之外，例如協助鄰國救災。2 繩：正直。

譯文

因此，體會太一天道治天下的人，明白天地之間的性情，貫通於道德之間的條理。他的聰明照耀日月，精神匯通於萬物。他的動靜行為與陰陽協調，喜怒與四季調和，善德惠澤延伸於四方以外，良好的名聲流傳後世。效法陰陽的人，其道德與天地參贊化育，清明與日月並立，精神與鬼神一體，頭頂圓渾的上天，腳踏方正的大地，抱着圭璧禮敬，心懷正直，對內可以治理身心，對外可以得到人民擁戴，他發號施令時，天下無不聞風跟從。

帝者體陰陽則侵，王者法四時則削，霸者節六律則辱，君者失準繩則廢。故小而行大，則滔窕而不親[1]；大而行小，則狹隘而不容。貴賤不失其體，而天下治矣。天愛其精[2]，地愛其平[3]，人愛其情。天之精，日月星辰雷電風雨也；地之平，水火金木土也；人之情，思慮聰明喜怒也。故閉四關[4]，止五遁[5]，則與道淪。

注釋

1 滔窕：空虛，不充實。2 精：精氣。3 平：平而正。4 四關：心、口、耳、眼。5 五遁：依照下文，應指精神因五種物質享受而過度消耗和散失。

譯文

帝王取法陰陽，就會被侵擾；王者效法四季，力量會被削弱；霸主使用六律，則會受到侮辱；君主失去準繩法度，則會被罷黜。故此地位較低的小國君主，如實行大的治國法則，便會顯出疏漏空泛而令下屬遠離；地位高的帝王如推行小的治國法則，便會顯得狹隘而不能包容天下。貴賤都不失去個人的準則，天下就可以大治了。上天愛惜它的精氣，大地愛惜它的平靜，人類愛惜他自己的性情。上天的精氣，有日月、星辰、雷電、風雨；地的平靜，有水、火、金、木、土；人的性情，有思慮、聰明和喜怒。因此關閉四關，防止精神因五種物慾而過度消耗散失，便可以與大道共同浮沉。

賞析與點評

「各司其職」是現代管理的重要守則。人人互相配合，才能組成有動力的團隊。

是故神明藏於無形，精神反於至真，則目明而不以視，耳聰而不以聽，心條達而不以思慮，委而弗為，和而弗矜，冥性命之情，而智故不得襍焉[1]。精泄於目則其視明，在於耳則其聽聰，留於口則其言當；集於心則其慮通。故閉四關則身無患，百節莫苑[2]，莫死莫生，莫虛莫盈[3]，是謂真人。

注釋

1 襍（粵：雜；普：zá）：同「雜」。2 百節莫苑：關節不生病，手腳活動正常，沒有退化的現象。3 莫虛莫盈：不虛空也不盈滿，是一種均衡的中道狀態。

譯文

故此精神隱藏在無形的狀態之中，精氣神返回最真樸的境界內，眼睛便會清明而不用它看外間的事物，耳朵聰敏而不用它聽聲音，心中思維條理通達而不用思慮其他問題。捨棄外物而不做什麼，和順而不自大，暗藏性命的情緒，智慧就不會被機巧所混雜。精氣通到眼睛則視線明亮，存於耳朵裏則聽覺聰敏，留在口裏則言詞恰當，集中於心則思維暢通。因此封閉四關身體就沒有禍患，人體所有關節不會生病，不死也不生，不虛空也不盈滿，這就是真人。

凡人之性，心和欲得則樂，樂斯動[1]，動斯蹈，蹈斯蕩，蕩斯歌，歌斯舞，歌舞節則禽獸跳矣。人之性，心有憂喪則悲，悲則哀，哀斯憤，憤斯怒，怒斯動，動則手足不靜。人之性，有侵犯則怒，怒則血充，血充則氣激，氣激則發怒，發怒則有所釋憾矣[2]。

注釋

1 斯：則，跟着。2 憾：怨懟，憤恨。

譯文

一般人的性情，心境融和，慾望得到滿足就會感到快樂，快樂時心便鼓動起來，鼓動後會手舞足蹈，手足活動起來，全身跟着搖擺，搖擺就會唱歌，唱歌便隨着起舞，歌舞節拍配合，好像禽獸一樣跳躍起來。人的性情，心中有憂愁便會產生悲傷，悲傷會成為哀痛，哀痛會變為憤慨，憤慨又會令人發怒，發怒會使人有所動作，有動作就令手足不能安靜。人的性情，當遭受侵犯就會憤怒，憤怒會使血液上充，血液上充會使脾氣激動，氣激會爆發怒火，怒火爆發了便會解除了一些憤恨。

賞析與點評

「音樂」與「快樂」都同樣由「樂」字組成，聖人作樂曲令人愉悅，使人心中產生和音而快樂，人將情緒化為有節奏的調子，化戾氣為祥瑞，便會唱歌跳舞。

古者上求薄而民用給[1]，君施其德，臣盡其忠，父行其慈[2]，子竭其孝，各致其愛而無憾恨其間。

注釋　1 給：豐足，供給充足。2 慈：長者對幼小或弱勢人士的愛心。

譯文　古代的君主自求微薄的生活，而人民富足，君主施行德政，臣下官員盡忠職守，父親施予慈愛，子女竭力孝敬父母，各人致力付出和表達愛心，這樣人與人之間便沒有遺憾和憎恨了。

賞析與點評

此段說「上求薄而民用給，君施其德」，如果在上位的領導者儉樸節用，使民眾豐衣足食，這就是德政。

晚世務廣地侵壤[1]，並兼無已，舉不義之兵，伐無罪之國，殺不幸之民[2]，絕先聖之後，大國出攻，小國城守，驅人之牛馬，傒人之子女[3]，毀人之宗廟，遷人之重寶，血流千里，暴骸滿野，以澹貪主之欲，非兵之所為生也。故兵者，所以討暴，非所以為暴也。樂者，所以致和，非所以為淫也。喪者，所以盡哀，非所以為偽也。故事親有道矣[4]，而愛為務；朝廷有容矣[5]，而敬為上；處喪有禮矣，而哀為主；用兵有術矣，而義為本。本立而道行，本傷而道廢。

注釋

1 務：盡力做事。2 不幸：無罪的人。3 傒（粵：繫；普：xì）：拘禁。4 事：侍奉。5 容：儀容，這裏指禮法制度。

譯文

近世的諸侯盡力擴張領土，侵拼別國的土地，永無休止，他們領着不正義的軍隊，攻打沒有罪過的國家，殺害無辜的平民，滅絕以往聖人的後代。大國進攻，小國守護城池，驅趕別人的牛馬，拘禁他人的子女，毀壞別人的宗祠廟宇，搬走他人的國寶，流血數千里，骸骨曝曬在整個荒野，用以滿足貪婪君主的慾望，這不是軍隊存在的原因。故此軍隊的作用，應是討伐暴戾，並非以此製造暴力。音樂的功能，是用來達致祥和，並非成為淫亂的工具；舉行喪事，是用來表達哀傷的，並非要虛偽。因此侍奉雙親有道的人，要盡力去敬愛雙親；朝廷是有禮法制度的，尊敬的心是最重要的；處理喪事有一定禮儀，但以表達悲哀之情為主；用兵有技巧謀略，但要以仁義為根本。根本確立了，道德便可實行；根本受到傷害，道德就會破損。

賞析與點評

現代一些人以形式為主，不知道「事親有道矣，而愛為務」，其實孝道的本體是敬愛雙親，以感恩的心回報父母生養的大德。當一個人對生命的根本都不感恩，跋扈囂張，他對其他事物便會更麻木不仁。

卷九　主術

本卷導讀——

本卷原注題解說：「主，君也。術，道也。君之宰國統御臣下，五帝三王以來，無不用道而興，故曰『主術』也。」「主」是君主，「術」是治國之道，本卷全面地論述了君主的治國之道，其原則是無為而治，「人主之術，處無為之事，而行不言之教。清靜而不動，一度而不搖。」當中指出在上位者「至誠、至精」，不必擾民，只須挑選賢臣，讓臣下發揮才能，以及調節各部門的力量，公正嚴明地施行法律，將工作系統化，簡約工作，從而令國家昇平康泰。

此卷所述與現代人管治國家或企業有很多相通的部分，讀者不妨學習本卷的管理原則和應用方法。

人主之術[1]，處無為之事[2]，而行不言之教[3]。清靜而不動，一度而不搖[4]，因循而任下[5]，責成而不勞。是故心知規而師傅諭導，口能言而行人稱辭[6]，足能行而相者先導[7]，耳能聽而執正進諫。是故慮無失策，謀無過事，言為文章，行為儀表於天下[8]。進退應時，動靜循理，不為醜美好憎，不為賞罰喜怒，名各自名，類各自類，事猶自然，莫出於己。

注釋

1 術：解作「道」，用行動或方法達到道的自然秩序。2 處：實行應用。3 不言之教：不用言語，潛移默化地教育他人。4 一度：集中在唯一的自然法度之內。5 因循：循着事物的法規，不加干預。6 行人：官職名稱，負責安排諸侯覲見天子，或代表天子出使聘問諸侯。7 相者：贊禮人，輔助禮儀的官員。8 儀表：禮儀的規範法則。

譯文

君主管治天下的方法，應實行無為之治，不以言語說教。君主清心寧靜而不妄動，集中於自然法度而不搖擺，循着事物的法規任用下屬，監督他們而不會令自己疲勞。故此領袖心裏知道規範，仍然會接受老師的勸喻輔導，能言善辯卻會接受官員建議的用辭，雙腳可以行走卻接受贊禮人引導，耳朵能聽卻讓執行政務的人提出諫言。因此，君主考慮問題時不會作出錯誤的決策，籌謀事情時不會犯錯，言語成為優雅的文章，行為成為社會禮儀的法則。進退都適合時宜，活動和安靜都依循道理，不會因為醜陋、美麗而產生喜惡之情，不會因為受到賞罰而快樂發怒，各人自得其名分名聲，同類的人各自聚集，讓事情順其自然地演變，這些都不是君主個人造成的。

賞析與點評

高層領袖不應管理太過細微的事情，也不應經常干擾下屬，因為每個人都有自己的想法，只要是出於「自然」、「公義」，便應放手，讚賞下屬已經足夠。

夫目妄視則淫，耳妄聽則惑，口妄言則亂。夫三關者，不可不慎守也。若欲規之[1]，乃是離之；若欲飾之，乃是賊之[2]。

注釋　1 規：用規矩約束。2 賊：敗壞。

譯文　眼睛亂看就會淫邪，耳朵亂聽就會被迷惑，嘴巴亂說話就會造成混亂。目、耳、口這三個關口，不可以不謹慎守衛。若果想設定規矩約束它們，就會使它們分離；若果想裝飾它們，就會使它們敗壞失誤。

末世之政則不然，上好取而無量，下貪狼而無讓，民貧苦而忿爭，事力勞而無功，智詐萌興，盜賊滋彰，上下相怨，號令不行。執政有司，不務反道矯拂其本，而事修其末，削薄其德，曾累其刑，而欲以為治，無以異於執彈而來鳥，捭梲而狎犬也[1]，亂乃逾甚。夫水濁則魚噞[2]，政苛則民亂。

注釋

1 捭（粵：擺；普：bǎi）：揮動，拿起。梲（粵：脱；普：tuō）：木杖，木棍。2 噞（粵：掩；普：yǎn）：魚浮出水面呼吸。

譯文

近世的政治則不同，上層官員貪索無度，下層官員貪心得如狼虎般不退讓，人民因貧窮受苦而互相仇恨爭奪，做事辛勞卻沒有成果，巧智詐偽興起，盜賊滋長蔓延，社會上下互相怨懟，政府的號令不能施行。執政和司法機構的官員不返回正道，反而違反治國的根本，從事微末的工作，削弱了政府的仁德，不斷增加刑法，想以此來治國，這就好像手執彈弓卻想雀鳥飛來，揮動木棍卻想逗狗玩耍，這只會令混亂的情況加劇。水污濁時，魚便會浮出水面呼吸，政策苛刻，人民就會作亂。

是以上多故則下多詐，上多事則下多態[1]，上煩擾則下不定，上多求則下交爭。不直之於本，而事之於末，譬猶揚堁而弭塵[2]，抱薪以救火也[3]。故聖人事省而易治，求寡而易澹，不施而仁，不言而信，不求而得，不為而成。

注釋

1 多態：很多做作的姿態。2 堁（粵：課；普：kè）：塵土，灰塵。弭（粵：美；普：mǐ）：消除，清理。3 薪：柴草，可燃燒的木料。

譯文

因此在上位者詭計多端，下屬也會詭詐；在上位者常做事炫耀，下屬也會很多巧飾姿態；在上位者煩擾多變，下屬便會不得安寧；在上位者貪心多求，下屬就會互相爭鬥。不讓他們植根於根本上，反而在末節上做事，好像揚起灰塵來清理飛塵，抱着柴草去救火。故此聖人做事簡省而容易管治，要求少而容易知足，不須特別施恩卻自然顯出仁愛，不用刻意說話而具備誠信，不強求而有收穫，不做什麼而有所成就。

賞析與點評

此段說明了為政不須製造太多煩擾的事情，因為「事省而易治」。

故曰：樂聽其音則知其俗[1]，見其俗則知其化[2]。孔子學鼓琴於師襄，而諭文王之志[3]，見微以知明矣。

注釋

1 樂：音樂，禮樂教化。2 化：文化教育。3 諭：比喻，由此而知道或明白。

譯文

故此說：關於禮樂教化，聽到當地的音樂聲韻，可以知道當地的風俗；看到當地的風俗習慣，可以知道當地的教育情況，明白禮樂的感化作用。孔子向師襄學習琴藝，由此明白周文王的志願，通過細微的事物和音樂語言，可以推知更廣闊明朗的意旨。

賞析與點評

所謂「言為心聲」，只要細聽人言，便可以知道人的思想。為政者必須多聽民歌，了解人民的訴求，及早疏導民怨，這樣便能令社會更和諧。

今夫權衡規矩，一定而不易，不為秦、楚變節[1]，不為胡、越改容[2]，常一而不邪，方行而不流，一日刑之，萬世傳之，而以無為為之。故國有亡主，而世無廢道；人有困窮，而理無不通。由此觀之，無為者，道之宗。故得道之宗[3]，應物無窮；任人之才，難以至治。

注釋

1 變節：氣節喪失了，向敵人投降。2 改容：改變禮儀的妝容，包括衣服和面部化妝。3 宗：宗旨目的，根本。

譯文

現今人們使用的權衡規矩，一旦定立了標準就不會更改，不能因為秦、楚兩國強大而變更節操投降，不能因為胡、越兩地的艷麗妝飾而改變外貌儀容。保持不變恆常的標準就不會偏邪，只做耿直的行為就不會流於俗世，一日將它作為標準，便萬代承傳下去，以無為的原則做事。故此國家有滅亡的君主，而世上沒有廢棄大道；人會有困難貧窮，但是道理沒有行不通的時候。由此看來，無為不做作，是道的根本。因此得到道的根本，便能應對事物無窮變化；單憑人的才智，是難以達到治理天下的理想的。

無罪者而死亡，行直而被刑，則修身者不勸善[1]，而為邪者輕犯上矣。故為惠者生姦，而為暴者生亂。姦亂之俗，亡國之風。是故明主之治，國有誅者而主無怒焉，朝有賞者而君無與焉。誅者不怨君，罪之所當也；賞者不德上，功之所致也。

注釋

1 不勸善：不推行道德，勸人行善。

譯文

無罪的人死亡，行為正直的人受刑罰，於是修身的人就不會勸人行善，而行為奸邪的人便敢於犯上作亂了。故此胡亂給予恩惠會助長奸邪，亂行暴政便會導致動亂。奸邪混亂的習俗，就是亡國的歪風。因此，在英明的君主的治理下，國內有被誅罰的犯人，但君主沒有發怒，朝廷有官員被論功行賞，但不是出自君主。被誅罰的人不埋怨君主，因為他們犯罪後是理應受到懲罰的；受獎賞的人沒有感謝君主，因為他立下功勞是應該得到賞賜的。

賞析與點評

君主清明而簡樸，賞罰分明，不妄殺無辜，所以「誅者不怨君」，罪犯自覺應該受罰，這樣可警惕其他想犯法作惡的人。

清靜無為，則天與之時；廉儉守節[1]，則地生之財；處愚稱德，則聖人為之謀。是故下者萬物歸之，虛者天下遺之。夫人主之聽治也，清明而不闇，虛心而弱志。是故群臣輻湊竝進，無愚智賢不肖，莫不盡其能。於是乃始陳其禮，建以為基。

譯文

君主保持清靜無為，上天便會給予時機；君主廉潔儉約守節，大地便會生出財富；君主安守愚拙，做事合乎道德，聖賢的人自然會為他出謀獻策。故此低下謙讓的人，萬物都會歸附他，虛鬆寬大的人，天下都會歸他所有。君主聽到人民的聲音而治國，清明而不昏庸，懷着謙虛的心，減少個人的慾望。因此所有大臣都像輻條匯聚到車轂般湊近在君主身邊，與君主一起努力前進，無論是愚智賢良和不肖，沒有不竭盡所能的。這時才可開始陳述和準備當中的禮制，建構治理天下的基礎。

賞析與點評

廉潔節儉，自然能積累財富，即使君主愚拙，但如他有道德，仍會獲得聖者襄助。宏觀地聽取不同人的看法，「無愚智賢不肖，莫不盡其能」，對事不對人地考慮智者或愚者的意見，才會獲得最好的解決辦法。

主道員者，運轉而無端，化育如神，虛無因循，常後而不先也；臣道員者[1]，運轉而無方，論是而處當，為事先倡，守職分明，以立成功也。是故君臣異道則治[2]，同道則亂[3]。各得其宜，處其當，則上下有以相使也。

注釋

1 臣道員者：王念孫認為應為「臣道方者」，以方圓對比，較合文意，此處用方正的解釋。2 異道則治：君主決策，臣子執行，互相配合，雖然異道，治國的目標卻是一致。3 同道則亂：指臣子只會躲在君主背後做附和的應聲蟲。

譯文

君主的治國策略是活潑圓通的，便能週而復始運轉不停，看不見開端，化育萬民有如神靈；虛無寬大，依循法則，時常保持在後面而不爭着先行。臣子的輔佐策略是方正有規範的，運轉的時候沒有硬直的方矩，說話正確，處事妥當，做事爭先，堅守分明的職責不會推搪，以此來建立功業。故此君主無為而圓，臣子的策略有為而方，二者不同的處事方式互相配合，天下便會太平；君臣使用相同的策略則會形成混亂。各人得到適宜的工作方法，處在恰當的位置，這樣上下便能互相配合使用了。

賞析與點評

每個崗位必須「守職分明」才可以互相配合，此段提出「君臣異道則治」，認為君臣有不同的處事方式，便可找到最好的解決方案。

所任者得其人[1]，則國家治，上下和，群臣親，百姓附。所任非其人，則國家危，上下乖，群臣怨，百姓亂。故一舉而不當，終身傷。得失之道，權要在主。是故

繩正於上，木直於下，非有事焉，所緣以修者然也。故人主誠正，則直士任事[2]，而姦人伏匿矣；人主不正，則邪人得志，忠者隱蔽矣。

注釋　1 得其人：得到合適的人選。2 直士：正直而忠勇的人士。

譯文　君主得到合適的人選，國家便可大治，上下和睦，大臣們彼此親近，老百姓歸附。若果用人不合適，國家便會危險，上下乖心背離，大臣們怨聲載道，老百姓亂七八糟。故此一個舉動不適當，便終身受害。國政得與失之間的道理，關鍵的因素在於君主的權衡。所以繩墨在上面拉正，下面的木料便取得直，不需要工匠費勁，只要按着拉直的墨線就有所成。因此君主如果誠信正直，正直忠勇之士便會任職做事，而奸邪小人就會伏匿了；如果君主不正直，奸邪小人便會得志，忠誠的人就會隱退了。

賞析與點評

君主以至現代的企業主席的最重要工作，就是尋找合適的將帥宰相或總經理，以便治理大小事務。「故人主誠正，則直士任事，而姦人伏匿矣」，在上位者只要純潔、有誠信、正直，奸邪小人便不敢破壞或竊取利益。

法者，天下之度量，而人主之準繩也。縣法者[1]，法不法也[2]；設賞者，賞當賞也。法定之後，中程者賞[3]，缺繩者誅[4]。尊貴者不輕其罰，而卑賤者不重其刑，犯法者雖賢必誅，中度者雖不肖必無罪，是故公道通而私道塞矣。古之置有司也，所以禁民，使不得自恣也。其立君也，所以剬有司[5]，使無專行也。法籍禮儀者，所以禁君，使無擅斷也。

注釋

1 縣法：頒佈法律。縣，同「懸」，掛上。2 法：按照法律方式去處理。不法：不法之徒，罪犯分子。3 中程：符合法律的獎賞制度。4 缺繩：觸犯法規。5 剬（粵：制；普：zhì）：同「制」，約束。

譯文

法制，是天下的度量衡，而且是君主的規矩準繩。國家頒行法律條文，是為了按照規條方法懲罰不法分子；設立獎賞制度，是為了獎賞有功勛的人。法制定立之後，符合獎賞制度的人就要加以獎勵，觸犯法規的人就要治罪懲罰。尊貴的人不會因其身份而獲減輕刑罰，而卑賤的人也不會因其身份而加重刑責；犯法的人雖然以往賢能，但同樣會受到刑罰，守法的人雖然沒有才能，也不會無端加罪，故此社會的公義道理通行，而徇私的歪路就被堵塞了。古代設置司法官員，是為了約束民眾，防止他們恣意妄為；設立君主制度，是為了約束官員，防止他們專權橫行；制定宗法禮儀制度，是用來約束君主，使他不能擅自獨斷胡行。

賞析與點評

古代的君主受到「禮儀」約束，必須規行矩步，以身為榜樣，教化民眾。

法者，非天墮，非地生，發於人間而反以自正。是故有諸己不非諸人，無諸己不求諸人。所立於下者不廢於上，所禁於民者不行於身。所謂亡國，非無君也，無法也；變法者，非無法也，有法者而不用，與無法等。是故人主之立法，先自為檢式儀表[1]，故令行於天下。

注釋

1 檢式儀表：榜樣。

譯文

法制，不是上天掉下來的，也不是地上生出來的，而是產生於人間，並且反過來用以修正人們的方法。故此自己有過錯就不要非議他人同樣的過錯，自己沒有善德行為就不必苛求他人有善德行為，因為沒有十全十美的人。群眾決議所立的法規，上層當政者不能隨意廢止；禁止人民的法律，君主不能以身犯法。所謂國家滅亡，不是指沒有君主，而是指沒有人依從法制。想變更法制的人，並非沒有法制，而是不使用現有的法制，這樣等同於沒有法制。因此君主立法，首先要自己檢察自己，做到守法執法的榜樣，這樣才能使法令推行於國家。

賞析與點評

立法的原意，雖然是為社會大眾而訂立的，但上層的當政者必須以身守法，這樣才能令行天下。

食者[1]，民之本也；民者，國之本也；國者，君之本也。是故人君者，上因天時，下盡地財，中用人力，是以群生遂長，五穀蕃殖[2]。教民養育六畜，以時種樹，務修田疇滋植桑麻[3]，肥墝高下[4]，各因其宜。丘陵阪險不生五穀者，以樹竹木。

注釋

1 食：糧食，人民温飽的基本生存要求。2 蕃：通「繁」，茂盛。3 田疇：田地。

4 肥：肥沃的泥土。墝（粵：敲；普：qiāo）：同「磽」，貧瘠的土壤。

譯文

糧食，是人民的根本；人民，是國家的根本；國家，是君主的根本。故此君主要上應天時，下盡地利，中間善用人力資源，各種生物便能順利成長，五穀茂盛，欣欣向榮。君主應教導人民飼養六畜，按天時種樹，致力於修整田地，滋養和培植桑麻，依照土地的肥沃貧瘠和高低環境，各自因應情況種植合宜的草木。丘陵險阻而且不生五穀的地方，可以種樹木竹林。

賞析與點評

國君的智慧，在於運用地利的環境條件，為老百姓創造豐衣足食的快樂家園。

凡人之論，心欲小而志欲大，智欲員而行欲方[1]，能欲多而事欲鮮。所以心欲小者，慮患未生，備禍未發，戒過慎微，不敢縱其欲也。

注釋

1 智欲員：智謀要達到圓通，圓融而細緻。行欲方：行為要方正，執行工作時要守法規。

譯文　一般人的理論想法，心中的思慮要細緻，志氣要龐大，智謀要靈活圓通，而行為要方正，才能要廣泛，做事要少。所謂心思細密，是指會在禍患未出現時有所思慮，在災禍發生前有所預備，並且告誡自己切勿有過錯，謹慎於微小的工作，不敢放縱自己的慾望。

故心小者禁於微也，志大者無不懷也[1]，智員者無不知也，行方者有不為也，能多者無不治也，事鮮者約所持也。

注釋　1 懷：包容。

譯文　故此心思細密的人可以在微小的地方早加禁止，志氣遠大的人，胸襟無所不容，智慧圓融的人什麼事物都知道，處事有規矩的人不會做越軌的事，才能眾多的人沒有治理不好的事，辦事簡單的人能掌握事物的精要之處。

賞析與點評

志願遠大的人雖然不一定能夠達到理想的目標，但在過程之中，他有開闊的胸襟氣度，做事待人非常寬大。因此當老師或家長的，要從小培養孩子立下大志，擴闊他們的眼界和願景。

夫聖人之於善也，無小而不舉；其於過也，無微而不改。

譯文

聖人對於善德的行為，無論多微小都會親身實行；對於過錯，無論多微小都會徹底改正。

賞析與點評

如要辨別一個人是否有聖賢的德行質素，可觀察那人各方面的微小之處，例如他對善惡是否執着，是否不會做一些微小的惡行。

國之所以存者，仁義是也；人之所以生者，行善是也。國無義，雖大必亡；人無善志，雖勇必傷。治國上使不得與焉。孝於父母，弟於兄嫂[1]，信於朋友，不得上令而可得為也。釋己之所得為，而責于其所不得制[2]，悖矣！士處卑隱，欲上達，必先反諸己。

注釋

1 弟：即「悌」，順從尊敬兄長和比自己年紀大的同輩。2 責：要求。

譯文

國家存在的原因，在於有仁義；人能夠生存的原因，在於人有善德。國家沒有公義，即使國土再大也必會滅亡；人們沒有善心，即使再勇猛都必會受傷。管治國家不用以上的策略，很容易走向滅亡。孝敬父母，順從尊敬兄嫂，對朋友有誠信，即使得不到君主的命令也能做到這些行為。自己放棄能夠做的善良行為，反而要求自己去做一些不能控制的外間事情上，這實在違反了常理。讀書人地位卑微時，想向上求官，必須首先從自身的修養做起。

賞析與點評

此段指出當人沒有善心，即使勇猛也必會受傷。「人之所以生者，行善是也」，人應修心養性，經常反思惡行，加以調整，釋放舒緩那些扭曲惡毒的心態。

卷十　繆稱

本卷導讀——

「繆」指不同、差異，「稱」是恰當應用的意思。本卷就是用不同的觀點角度來探究大道的衍生用途。當中引述了儒家和其他學說，兼收並蓄，雖然有差異（繆），但可以稱說（稱）。〈繆稱〉與上一篇〈主術〉談論君主治理天下的策略成為內外配搭，此卷重點講解君主自我修養的方法，修養的最高境界是順從清靜無為的大道，不過也不能忽略身邊的小事，要有毅力恆心「積小善成大德」，並且應用儒家的慎獨、禮樂、仁義等。

道至高無上，至深無下，平乎準，直乎繩，圓乎規，方乎矩，包裹宇宙而無表裏，洞同覆載而無所礙[1]。是故體道者，不哀不樂，不喜不怒，其坐無慮，其寢無夢，物來而名，事來而應。主者，國之心。心治則百節皆安，心擾則百節皆亂。故其心治者，支體相遺也；其國治者，君臣相忘也。

注釋

1 洞同：無形跡的混沌。

譯文

大道是至高無上，而且是最深無盡頭的，它與水平線一致，好像墨繩那麼直，好像圓規那樣圓，好像矩形的正方，它包裹着整個宇宙的內外，混沌無形地覆蓋運載着萬物而不受到任何障礙。故此能體會大道的人，沒有哀傷也沒有快樂，沒有喜和怒，閒坐的時候不會憂慮，睡覺時不會造夢，萬物到來便給它命名，事情到來便輕鬆應付。君主，是國家的心臟。心臟治理好，其餘所有關節都會安寧，心臟受擾，所有關節都會混亂。因此心臟治理好，其他肢體就會互相遺忘，不用互相照顧；國家治理完善，君主和臣子各盡其職，也互相忘記而沒有牽掛。

賞析與點評

「其寢無夢」是因為思維安靜平穩，人體的能量沒有被阻擾，自會安睡。人的心境情緒平靜，便能「不哀不樂，不喜不怒」，這就是逍遙輕鬆的境界。

道者，物之所導也；德者，性之所扶也；仁者，積恩之見證也；義者，比於人心而合於眾適者也[1]。故道滅而德用，德衰而仁義生。

注釋

1 比：挨着，貼近。眾適：適合大眾，適宜眾人。

譯文

大道，是事物的主導，同時引導事物的發展；德行，是天性所扶持的行為；仁愛，是積聚恩德的證明；公義，是貼近人的心思，適合大眾的標準和行動。故此大道隱滅了，就宣揚德行，德行衰微了，就產生仁義。

故上世體道而不德，中世守德而弗壞也[1]，末世繩繩乎唯恐失仁義[2]。君子非仁義無以生，失仁義，則失其所以生；小人非嗜欲無以活，失嗜欲，則失其所以活。故君子懼失仁義，小人懼失利。觀其所懼，知各殊矣。

注釋

1 壞：應是「懷」字的誤寫。2 繩繩乎：謹慎、戰戰兢兢的樣子。

譯文

上古世代的人舉手投足都與大道相合，不必倚靠德行；中古聖王堅守德行，而不用心懷仁義；近代的賢王戰戰兢兢，規行矩步，恐怕失去仁義。君子沒有仁義就不能生存，失去仁義，就等同失去生命；小人沒有慾望就不能生存，失去嗜慾就等同失去生活的條件。故此君子恐懼失去仁義，小人恐懼失去利益慾望。觀察人的恐懼，便知道君子與小人的差別了。

是故聖人察其所以往，則知其所以來者。聖人之道，猶中衢而致尊邪[1]？過者斟酌，多少不同，各得其所宜。是故得一人，所以得百人也。人以其所願於上以交其下，誰弗戴？以其所欲於下以事其上，誰弗喜？《詩》云[2]：「媚茲一人[3]，應侯慎德[4]。」慎德大矣，一人小矣。能善小，其能善大矣。

注釋

1 衢（粵：渠；普：qú）：四通八達的大路。致：設置。尊：盛酒的器皿，或寫作「樽」，這裏借指酒。2《詩》：「媚茲一人，應侯慎德。」出自《詩經・大雅・下武》。3 媚：愛。4 應侯：周武王的兒子。

譯文

故此聖人知道怎樣與人交往，也知道別人會怎樣回報自己。聖人的道德行為，好像在通衢大路中間置酒款待過路的人吧？過路的人舀酒喝，人人不同，各自喝適合自己的份量。因此得到一個人才的真心輔佐，便可以吸引很多人來幫助了。人們如果以他希望用上司對自己的態度來禮賢下士，有哪個下屬會不愛戴他呢？如果用他希望下屬對自己的態度來對待上司，有哪個上司會不喜歡他呢？《詩經·大雅·下武》說：「應侯從愛護每一個人做起，於是成就了崇高的美德。」遵循美德是重大的事情，愛護一個人的德行只是很小的事。但是如果能夠做好小事，慢慢積累，就能成為崇高的美德。

賞析與點評

時間是指過去、現在、未來，道家很早就明白因果關係，認為事情的成敗都要時間積累，大善是由小善匯聚而成的，因此急於求成是不正確的。

誠出於己，則所動者遠矣。錦繡登廟，貴文也；圭璋在前[1]，尚質也。文不勝

質，之謂君子。故終年為車，無三寸之鎋，不可以驅馳；匠人斲戶[2]，無一尺之楗[3]，不可以閉藏。故君子行斯乎其所結。

心之精者，可以神化，而不可以導人；目之精者，可以消澤[4]，而不可以昭認[5]。在混冥之中[6]，不可諭於人。故舜不降席而天下治，桀不下陛而天下亂，蓋情甚乎叫呼也。無諸己，求諸人，古今未之聞也。

注釋

1 圭璋：祭禮用的高級玉器。圭，上面圓圜形，下面方形。璋，半個圭。2 斲：同「斫」，砍，製造。3 楗（粵：健；普：jiàn）：門閂。4 消澤：用感知能力解釋事物。澤，通「釋」。5 昭認（粵：忌；普：jì）：告誡，勸告。6 混冥：心和眼睛。

譯文

如果真誠是出於自己的內心，那麼感化的作用就深遠了。把錦繡衣料獻上廟堂，是着重它的織藝華麗；圭璋玉器供奉在祭品前面，是崇尚其質樸純情。華麗的外表不能勝過質樸高雅的內涵，才稱得上君子。故此花一年時間製造車輛，沒有一根三寸長的車鎋，車輛是不能奔馳的；木匠造門板，沒有一尺長的門閂，是不能牢固地關閉。因此君子行事做人，必會考慮事情的結果。

內心精誠的氣量，可以神妙地感化別人，但不可以教導他人；精明透徹的眼睛，可以感知事物，但不能用以告誡他人。心和眼的無形功能，奇妙而不易理解，不能用言語告訴別人。因此舜帝沒有離開他的座位，天下已經治理好了；桀紂沒有走下宮殿的台階，就令天下大亂了，這是因為真情的影響大過大聲呼叫。自己沒有辦事能力和德行，卻要求他人做到，由古至今都沒有聽聞過。

同言而民信，信在言前也。同令而民化，誠在令外也。聖人在上，民遷而化，情以先之也。動於上，不應於下者，情與令殊也。

譯文

民眾贊同你的話並且說話誠實，是因為你在說教前一直言而有信；民眾服從你的政令並被教化好，是因為你施行政令有真誠的行為。聖人在上位，人民的習俗風氣變遷，得到感化，是因為他們先以真情感動人民。在上位者實施政令，卻得不到下層民眾的響應，是因為真情和政令有差異。

賞析與點評

信心和感情一樣，都是難以觸摸的事，並且必須長期培養。聖人具有感染力，能夠潛移默化地令眾人對他有信心和感情，還能引導民眾幸福快樂。

君子之慘怛[1]，非正為偽形也，諭乎人心。非從外入，自中出者也[2]。義正乎君，仁親乎父。故君之於臣也，能死生之，不能使為苟簡易；父之於子也，能發起之，不能使無憂尋。故義勝君，仁勝父，則君尊而臣忠，父慈而子孝。

注釋

1 慘怛（粵：笡；普：dá）：憂傷和哀痛。2 中：內心。

譯文

有賢德的君子悲傷哀痛，並非偽裝表現出來，他只是像內心在說話。真感情不是從外而入，而是從內心流露的。義的位置比國君重要，仁比父親更可親近。故此國君對臣下，能令他們出生入死，但不能使重義的臣子苟合君心而改變禮節；父親對於兒子，能夠使喚他們，但不能使重孝的兒子不為孝而憂心。所以義勝過國君，仁勝過父親，國君受到尊重，而大臣盡忠，父親慈愛而子女盡孝。

聖人為善，非以求名而名從之。名不與利期而利歸之[1]。故人之憂喜，非為蹠[2]，蹠焉往生也。故至人不容。故若眯而撫，若跌而據。聖人之為治，漠然不見賢焉，終而後知其可大也。若日之行，騏驥不能與之爭遠[3]。

注釋

1 期：期望，要求。2 蹗（粵：六；普：lù）：希望，希冀。3 騏驥（粵：其；普：qí jì）：千里馬。

譯文

聖人做善事，並非為了求得名譽，可是名望就會跟從他。求名譽不是為了得到利益，可是利益卻會歸附他。故此人們的憂慮和快樂，沒有特別希冀感染別人，可是感染作用卻自然產生。因此有至德的人不會修飾，他就好像有細物入眼便自然用手擦揉，又像人跌倒了用手支撐一樣。聖人治理天下的方式，寧靜無聲，好像看到有何優勝之處，但最終才會知道他的偉大有如太陽的運行，千里馬也不能跟它競賽誰跑得更遠。

賞析與點評

雖然做善事不求名利，但有時卻可能有意想不到的收穫。

功名遂成，天也[1]；循理受順，人也。太公望、周公旦，天非為武王造之也；崇侯、惡來[2]，天非為紂生之也；有其世，有其人也。教本乎君子，小人被其澤；

利本乎小人，君子享其功。昔東戶季子之世[3]，道路不拾遺，耒耜餘糧宿諸畮首[4]，使君子小人各得其宜也。故一人有慶，兆民賴之。

注釋

1 天：上天的安排，天命，自然的命運安排。2 崇侯：助紂為虐的諸侯，慫恿紂王囚禁周文王。惡來：紂王的臣子，經常進讒言和狡猾的奸計。3 東戶季子：上古的明君。4 耒耜（粵：淚事；普：lěi sì）：耕作的農具。宿：放置在外面的地方過夜。畮（粵：某；普：mǔ）首：農地前方的空間，或用作放置雜物。畮，同「畝」。

譯文

功業和名譽能夠成功得到，是上天的安排；遵循事理，是靠人為。太公望、周公旦，不是上天專門為周武王而設的；崇侯、惡來，不是上天為紂王而生出的；有這樣的世界，就有這樣的人物。君子的工作是要教化百姓，小人接受了他們的惠澤；小人的本分是生產利益財富，以供君子享用。從前東戶季子在世時，人們在路上不會拾取他人遺失的物品，在街頭和農田放置農具和餘糧也沒有人取去，這是因為東戶季子令君子和小人各守自己的天職本分。故此當一位君主有善德，千萬民眾都會仰賴他而得到幸福。

賞析與點評

此段指出人只要作最好的準備，儲備自己的德才，內修大道，當因緣時機來到時，以德行濟世，加上天助，便可以「功名遂成」；假如自己沒有德才，始終不能有成就。

君子者樂有餘而名不足，小人樂不足而名有餘。觀於有餘不足之相去，昭然遠矣。含而弗吐，在情而不萌者，未之聞也。君子思義而不慮利，小人貪利而不顧義。

譯文

君子快樂有餘而名聲不足夠，小人快樂不足而名聲卻有餘。觀察有餘和不足夠的差距，很明顯地看到兩種人的距離十分遙遠。把情感隱藏得很周密而不向外吐露，情緒被壓抑而不疏通，從未聽聞可以做到這樣。君子思索着正義而不思慮自己的利益，小人貪圖個人利益而不顧及大眾正義的道德。

賞析與點評

有關義與利，儒家認為應該「捨利取義」，而墨家則主張「義利相兼」，兩家各有不同意見，在不同情況，或許有不同的應用。

凡人情，說其所苦即樂[1]，失其所樂則哀。故知生之樂，必知死之哀。有義者不可欺以利，有勇者不可刦以懼[2]，如飢渴者不可欺以虛器也。人多欲虧義，多憂害智，多懼害勇。

注釋

1 說：同「悅」。另一說法，通「脫」，解除。2 刦：刦持，要脅。

譯文

人之常情，是擺脫了痛苦就會快樂，失去令人快樂的事物便會哀傷。故此人知道生命的快樂，必然知道死亡的哀痛。正義的人不可用利益來引誘他，勇敢的人不可用恐懼來要脅他。好像對於飢渴的人，不可以用空的器皿來欺騙他。人們的慾望過多便會令義有所虧損，過多的憂愁便會損害智慧，過多的恐懼便會損害勇氣。

水下流而廣大，君下臣而聰明。君不與臣爭功，而治道通矣。管夷吾、百里奚經而成之[1]，齊桓、秦穆受而聽之。照惑者以東為西[2]，惑也；見日而寤矣。

注釋

1 管夷吾：即管仲，輔弼齊桓公，成為第一位春秋五霸的君主。百里奚：輔助秦穆公成為五霸之一。2 照：解決問題，或用言語講出解決的辦法。

譯文

水向下流，流域會越來越廣大；君主聽取臣下的意見便會變得聰明。君主不與臣子爭功勞，治國的道路便會暢通了。齊國管夷吾、秦國百里奚的經略成功，使國家強盛，是因為齊桓公和秦穆公都接受下屬的謀略。有些臣子解決疑難問題，把東邊指為西邊，這就迷惑了他人，當看見太陽就會清醒了。

賞析與點評

領導者如能聽取下屬的意見，便擁有廣闊的胸襟。

人無能作也，有能為也；有能為也，而無能成也。人之為[1]，天成之。終身為善，非天不行；終身為不善，非天不亡。故善否[2]，我也；禍福，非我也。故君子順其在己者而已矣。性者，所受於天也；命者，所遭於時也。

注釋　1 人之為：人可以努力做事。2 否：即不善，惡。

譯文　人沒有能力作翻天覆地的改變，只有辦事的能力；有能力有所作為，但沒有一定成功的能力。人可以努力做事，天有成就的能力。即使終身都行善，但如果沒有天時條件也不能成事；終身不行善，即使沒有天時條件也不會滅亡。故此是善是惡，取決於人們自身；是禍是福，並非由人決定。因此君子順着自己的人生去行善而已。人性，是由天賜予的；命運，是時空交織而成的遭遇。

有其材[1]，不遇其世[2]，天也。太公何力，比干何罪，循性而行指，或害或利。求之有道，得之在命。故君子能為善，而不能必其得福；不忍為非，而未能必免其禍。

注釋　1 材：才能。2 其：相應合適，切合。

譯文

有才能的人，遇不到相應合適的世道，是上天的安排。姜太公有何力量？比干有何罪過？都是循着天性而實行自己的志向，或對社會有害，或對社會有利。尋求宇宙的智慧大道，能否得到乃取決於命運。故此君子可以做善事，而不一定能得到福報；而不為非作歹，也不能夠免除他的災禍。

賞析與點評

對於修養自身，君子不能因為不被賞識而放棄，也不能因為禍福的多少而停頓，必須堅持到底，這才是真君子。

君子誠仁[1]，施亦仁，不施亦仁。小人誠不仁，施亦不仁，不施亦不仁。善之由我，與其由人若，仁德之盛者也，故情勝欲者昌[2]，欲勝情者亡。欲知天道，察其數；欲行地道，物其樹；欲知人道，從其欲。

注釋

1 誠：精誠專一。2 情：君子的大情，高尚的情操。

譯文

君子精誠地實踐仁愛，所以他施恩予人是仁愛的，不施恩予人也是仁愛的；小人確實不是仁愛的，所以他施恩予人時不是仁愛的，不施恩時更不是仁愛的。君子的善德在自己身上，如同在他人身上一樣，他的仁德感染了人，這是仁德之昌盛，故此高尚的情操勝過私慾的人會昌盛，私慾勝過高尚情操的人會滅亡。想知道上天的道理，觀察天象活動的規律程序；想運用土地的性能，就察看物類和樹木的生長情況；想了解人間的活動規則，就從人們的慾望要求去探求。

是故知己者不怨人，知命者不怨天。福由己發，禍由己生。

譯文

故此知道自己的缺點的人不會埋怨他人，知道命運的人不會埋怨上天。幸福由自己創造，災禍由自己產生。

聖人不求譽，不辟誹[1]，正身直行，眾邪自息。今釋正而追曲，倍是而從眾，是與俗儷走[2]，而內無繩，故聖人反己而弗由也。道之有篇章形埒者，非至者也。

嘗之而無味，視之而無形，不可傳於人。

注釋　1 辟：逃避。2 儷（粵：麗；普：lì）：並排在一起。

譯文　聖人不追求名譽，不逃避誹謗，為人行事正直，所有邪惡都自然平息。今天如果放棄正路而追尋曲斜的道路，背棄正確的事而順從眾人，是與俗世並排而走，而內心沒有修身的標準，故此聖人反求於己而不跟從眾人。大道如果有花樣形跡，就並非最純真的大道。大道品嘗起來清淡沒有味道，也看不見形狀，不可以言傳給他人。

原心反性則貴矣[1]，適情知足則富矣；明死生之分則壽矣。言無常是，行無常宜者，小人也。察於一事，通於一伎者[2]，中人也。兼覆蓋而并有之，度伎能而裁使之者[3]，聖人也。

注釋　1 原：回到。2 伎：通「技」，技藝才能。3 裁使：經過恰當的裁剪，才加以使用。

譯文　使內心返回自己的天性本源，是可貴的；有適當的情慾而且知足，是富有的；明白死亡和生命的分別，是永垂不朽了。話不會時常正確，行為不會時常合宜，這就是小人；能明察一件事，通曉一種技藝，是中等的人才；兼容覆蓋而同時擁有，具備估量人的才能，並且能夠裁決和掌握重點使用，就是聖人。

卷十一　齊俗

本卷導讀——

習俗因地方不同而有差異，「齊俗」就是齊同風俗的意思。本卷認為面對不同時代、地方、民族的各種風俗，君主都要尊重，不能用某一種禮法來束縛人民。此外，卷中認為應「以道論者，總而齊之」，要用大道一體作為主軸，建設和諧社會，用感化的方法移風易俗，改善社會，以「體道返性」的純樸風俗為目標，當政者以柔和的方式感化人民，與群眾一起生活，優化民俗的傳統，使民眾在不知不覺當中改變壞習慣，令國家社會文明進步，這就是齊俗的嚮導。

率性而行謂之道[1]，得其天性謂之德。性失然後貴仁，道失然後貴義。是故仁義立而道德遷矣，禮樂飾則純樸散矣，是非形則百姓眩矣[2]，珠玉尊則天下爭矣[3]。凡此四者，衰世之造也，末世之用也。

注釋

1 率性：遵循天然的本性，率直而沒有歪曲天性。2 眩：眼睛視線混亂，迷惑。3 珠玉：喻指金銀財物。

譯文

順着天性而行稱為道，得到純真的天性稱為德。天性失去後就看重仁愛，大道失去後就看重公義。故此仁義確立了，道德就會改變，禮樂受到粉飾了，純樸就會散失，是非定立形式規條後，老百姓就迷惑了，珠寶玉器被人尊崇，天下就會互相爭奪了。這四種情況，是道德衰敗的世情所造成的，是道德式微的社會出現的情況。

賞析與點評

《中庸》說：「天命之謂性，率性之謂道，修道之謂教」，本篇沿用這種傳統思想，解釋人性和人類自然的恰當行為為「道」，當人能夠達到天人合一的境界，其彰顯天性的行為便是「德」。此段反覆講述仁義，指出「是非形則百姓眩矣」，當道德禮教變成形式規條，就會令社會混亂。

夫禮者，所以別尊卑，異貴賤；義者，所以合君臣、父子、兄弟、夫妻、朋友之際也[1]。今世之為禮者，恭敬而忮[2]；為義者，佈施而德；君臣以相非，骨肉以生怨，則失禮義之本也，故搆而多責[3]。

注釋

1 際：彼此之間的關係。2 忮（粵：至；普：zhì）：嫉妒，內心與外表違逆。3 搆（粵：夠；普：gòu）：結怨。

譯文

禮，是用來分別尊卑上下，辨別貴賤差異的；義，是用來配合上司下屬、父子、兄弟、夫妻、朋友之間的人際關係的。現今行禮儀的人們，外表恭敬，內心卻嫉妒向他們行禮的人；推動公義的人，希望施恩德後被人認同有道德。君主和臣子因為講禮義而互相非議，骨肉之間產生怨恨，這就失去了禮和義的根本意義，故此使人們結怨且互相指責。

賞析與點評

禮在人際關係中有「別尊卑」的作用，可是每一個人在不同團體裏都有不同的角色地位，不能用禮的標準死硬地壓迫弱小。

故亂國若盛，治國若虛[1]，亡國若不足，存國若有餘。虛者非無人也，皆守其職也；盛者非多人也，皆徼於末也[2]；有餘者非多財也，欲節事寡也；不足者非無貨也，民躁而費多也。故先王之法籍，非所作也，其所因也。其禁誅，非所為也，其所守也。

凡以物治物者不以物，以睦[3]；治睦者不以睦，以人；治人者不以人，以君；治君者不以君，以欲；治欲者不以欲，以性；治性者不於性，以德；治德者不以德，以道。

注釋

1 治國：治理得井然有序、安寧和諧的國家。2 徼（粵：腰；普：yāo）：貪求自己本份以外的物慾和享樂。3 睦：和睦，人與人之間的良好關係。利益和財物分配不均衡，就是人們爭吵的開端，所以和睦是社會國家和諧的基礎。另一說為「陸」，指土地。

譯文

故此混亂的國家好像繁榮興盛，太平的國家好像空空蕩蕩，快要滅亡的國家好像物質不充足，長存穩定的國家好像有很多盈餘。國家空空蕩蕩，並非人口稀少，而是大家都各守職責；繁榮興盛，並非人口眾多，而是人們都離開了崗位，到處尋找吃喝玩樂和利益；有盈餘，並非人們擁有很多財物，而是慾望有節制，削減了浪費的事物；不充足，並非沒有財物，而是人民煩躁而且慾望多，浪費消費龐大。因而可知，以往帝王的法典律令，並非主觀製造出來的，而是因應事物的規律而制定。他們的禁令刑法，並非隨意編造，而是嚴謹遵守實際客觀情況而定立的。

凡是用更多的物質來解決無限的物慾需求是不可行的，應使用和睦相處的社會氛圍；要營造社會的和睦氣氛，不是在外粉飾和諧，而要抒發人類和氣的真感情；要治理好人民，不在於人民，而要用君主的仁政管理好國家；要培養優秀的君主，不在於君主表面的言行，而要約束和克制君主的慾念；要約束慾念，不能消極地壓制慾念，而要修養性情；要修養好性情，不是單靠內在調節性情，而要用正義的德行；要有良好的德行，不是用人為法律的德行標準，而要以宇宙大道的規律為原則。

賞析與點評

君主要治理好國家，必須在較高的層次上鳥瞰問題，用高一等的管理方式治理國家，從而做到揮灑自如。這段所説的「以物治物」，不能滿足人民物質溫飽的需求，主政者如想人民得到溫飽，安居樂業，應該是要融入大道的和順之中。下表總結了此段有關了「治物、治睦、治人、治君、治欲、治性、治德」的方法：

要治理的事物	治理方法	解釋
治物	以睦	物質不能滿足人的慾望，只會令人比較自己和他人有多少財物，是貧是富，導致互相爭奪財富。要治物，應和睦相處，融入感情，因感情可超越物質。
治睦	以人	要治睦，應以人的真情實感及倫理關係來達到和睦融洽。
治人	以君	要治人，應以君主或上司的管治體制客觀地管理人事和工作。
治君	以欲	要治君，應克制上司或君主的慾望，以平衡他們的權威。
治欲	以性	要治欲，應調節心性的妄動，修煉身心以降低情緒的激動突變。
治性	以德	要治性，應改善身心的行為，行事恰當，內心善良，以德化眾，內化道德良知。
治德	以道	要治德，應融入和順的自然大道，中庸而適當地應對事物，無為而為。

夫縱欲而失性，動未嘗正也，以治身則危，以治國則亂，以入軍則破。是故不聞道者，無以反性。故古之聖王，能得諸己[1]，故令行禁止[2]，名傳後世，德施四海。

注釋

1 得諸己：即真人返求於己，尋得自己的天性。2 令行：頒佈政令，加以推行。因為老百姓沒有尋得天性，故此跟隨聖王的政令而行。

譯文

縱容嗜慾會令人喪失天性，行為會變得不正確，憑着貪慾來修養身心的人會因此而產生危險，憑着貪慾來管治國家的人會令國家混亂，憑着貪慾來領導軍隊的人會被敗亡。故此沒有聽聞大道智慧的人，沒有方法返回人的天性。故此古代的聖王，因為能夠尋得自己的天性，所以能用政令禁止過分的慾望，英名流傳後世，恩德施惠全國。

賞析與點評

懂得大道的人，雖然清心寡慾，但並非全無慾望，他們只是慾望少而且正確。例如他們希望濟世救人，這都是正確的慾望，但他們不會放縱，否則會變成狂妄，以濟世來滿足自己。

明乎生死之分，通乎侈儉之適者也。亂國則不然，言與行相悖[1]，情與貌相反，禮飾以煩[2]，樂優以淫，崇死以害生，久喪以招行，是以風俗濁於世，而誹譽萌於朝，是故聖人廢而不用也。

注釋

1 言與行：君主的言語和行為，或者可以理解為國家的法律條文和執行司法的實際情況。2 飾：修飾，花樣多。

譯文

他們明白生與死的分別，通曉奢侈和儉約的合適程度。混亂的國家就不是這樣了，他們的言語和行為互相矛盾，內心的感情和外在行為是相反的；禮節修飾細膩繁瑣，音樂混亂失去節度，崇尚厚葬害苦在生的人，要求人們長期守喪，束縛人們的手腳。因此風俗習慣污濁氾濫於世上，而誹謗毀譽滿佈朝廷，所以聖明君王廢除他們那套不採用。

義者，循理而行宜也；禮者，體情制文者也。義者宜也，禮者體也。

譯文　義，是循着道理而作出合宜的行為；禮，是體會真實情感而制定的規條。義是恰當適宜的行為，禮是得體的規範。

故明主制禮義而為衣，分節行而為帶。衣足以覆形，從《典》、《墳》[1]，虛循撓[2]，便身體，適行步，不務於奇麗之容，隅眥之削[3]。帶足以結紐收衽[4]，束牢連固，不亟於為文句疏短之鞵[5]。故制禮義，行至德，而不拘於儒、墨。

注釋

1《典》、《墳》：《典》是《尚書．舜典》，《墳》是古代重要經典，相傳有《三墳》和《五典》。此處指書中的準則、道理。2 虛循撓：指古代衣服寬鬆舒適。3 隅眥（粵：余字；普：yú zì）之削：指着意裁剪轉換花樣。隅眥，斜角的衣領。削，縫製。4 衽（粵：任；普：rèn）：衣襟。5 亟（粵：激；普：jí）：急切，迫切性。文句（粵：歐；普：gōu）：圓形花紋，或一般花紋圖案。鞵（粵：鞋；普：xié）：或作「鞼」，原指鞋，這裏指有刺繡的皮革。

譯文　故此英明的君主制定禮儀，以衣冠顯示階級，分別各種禮節，而配合不同的衣帶。衣服能夠覆蓋身體就好，只要跟從古代《三墳》、《五典》的常規道理，寬鬆舒適，方便身體活動，適宜走路，不追求奇怪艷麗和花巧裁剪縫製的款式；衣帶足夠紮緊及配合結紐，收緊衣襟，裝束整齊而連繫牢固，不講究圖案花紋的標緻刺繡。因此制定禮儀，是引導人們修養道德，而不必拘泥於儒家或墨家的規條。

賞析與點評

「明主制禮義而為衣，分節行而為帶」是中華文化的重大特式，以衣帶表現有秩序的禮儀，就好像現在的制服，這種文明的行為脱離了穿樹葉、掛獸皮的文化。

所謂明者，非謂其見彼也，自見而已[1]。所謂聰者，非謂聞彼也，自聞而已[2]。所謂達者[3]，非謂知彼也，自知而已。是故身者，道之所託，身得則道得矣。道之得也，以視則明，以聽則聰，以言則公，以行則從。

注釋

1 自見：自己在內心見證一些概念或真理，不能輕易地用言語表達。2 自聞：自己聽到話語後，能夠真正了解當中的意義。3 達者：達到最高層次的智慧，即聖人。

譯文

所謂眼明，不是看見一個物體，而是自己見證一個概念；所謂耳靈，不是聽到一段說話，而是自己了解當中的意義；所謂達智，不是說能了解別人，而是有自知之明而已。故此個人的身軀，是大道的寄託之處，身心有善德，即是得道了。得道了，視察任何事物都會明晰，聽任何話都會聰靈，說話則會公允恰當，行動則會順遂。

故求是者，非求道理也，求合於己者也；去非者，非批邪施也，去忤於心者也。忤於我，未必不合於人也；合於我，未必不非於俗也。

譯文

故此追求是非正確的人，並非尋求當中的真正道理，只是追求合乎自己想法的答案；排斥不正確見解的人，並非批評歪邪的意見，只是排斥違背自己心中想法的意見。違背自己見解的事理，未必不適用於其他人；適合自己見解的事理，未必不被大眾所排斥。

賞析與點評

文中說「非求道理也，求合於己者也」，其實許多政治人物都只接受對自己有利的事，這對青年人的是非善惡觀念有很大的負面影響。

今世俗之人，以功成為賢，以勝患為智，以遭難為愚，以死節為戇。

譯文

現今世俗的人，以為功業有成就便具備賢能，以為克服禍患就是有智慧，以為遭遇災難的人是愚蠢的，以為為節操而死的人都是戇直拙劣的。

賞析與點評

真正不怕生死寵辱的人，能夠堅持道德理想而行，不譁眾取寵，不懼怕別人的譏笑。

治國之道，上無苛令，官無煩治，士無偽行，工無淫巧，其事經而不擾，其器完而不飾。亂世則不然。為行者相揭以高，為禮者相矜以偽，車輿極於雕琢，器用逐於刻鏤，求貨者爭難得以為寶，詆文者處煩撓以為慧[1]，爭為佹辯[2]，久稽而不訣，無益于治。

注釋

1 詆文：用文章詆譭他人或事情。一作詆毀禮樂制度。2 佹（粵：鬼；普：guǐ）：詭詐。

譯文

（太平國家）管治國家的方法，在於政府沒有施行嚴苛的法令，官員沒有煩擾的政務，讀書人沒有虛偽的行為，工匠沒有造假及巧詐，所有事務都按常規而不受干擾，所有器物都完好而沒有雕飾。亂世就不同了。修養品德的人互相吹捧以提高地位，行禮儀的人虛偽地互相誇獎對方，車輛的雕刻極盡精緻奢華，器物不用於正途，卻追求比拼雕刻的華麗，買賣貨品的人爭購難得稀有的物品，視之為寶貝，用文章詆譭他人的人製造煩擾，還自以為有智慧，胡亂詭辯，為爭權奪利，訴訟案件長久積壓下來而沒有解決，這些都對治理國家沒有益處。

賞析與點評

治國及管理的原則是不可繁瑣及虛偽的，當社會出現財富分佈不均時，有些人便會爭相展示豪華的氣派，或互相抹黑，這就是亂世了。

衰世之俗，以其知巧詐偽，飾眾無用，貴遠方之貨，珍難得之財，不積於養生之具。

譯文

衰敗世道的風氣，是以機智詐偽為工具，雕飾無用的器物，崇尚遠方進口的貴價貨品，珍愛難得的財寶，卻不去積蓄養生的物品。

賞析與點評

當富者越富的時候，便越容易令人浪費金錢，他們「貴遠方之貨，珍難得之財」，購買一些所謂珍貴而無用的物品，可是窮人卻連糊口的能力也沒有，在這時候，國家便進入衰亡的階段。

故身安則恩及鄰國，志為之滅；身危則忘其親戚，而人不能解也。游者不能拯溺，手足有所急也；灼者不能救火，身體有所痛也。夫民有餘即讓[1]，不足則爭。讓則禮義生，爭則暴亂起。

注釋

1 餘：剩餘，有餘糧可以養身，有寬鬆裕厚的心境。

譯文

故此人民身心安寧，恩德便會施予到鄰國，並會盡心去幫助別人；當性命有危險時就會連親戚都顧不上，其他人也不會去解救。略懂游泳的人不能拯救溺水的人，因為手腳都急於划水；被灼傷的人不能救火，因為身體已十分痛楚。如果人民衣食寬裕，便會對人謙讓；如糧食都不足夠，便會互相爭奪。謙讓令禮義產生，爭奪會掀起暴亂。

賞析與點評

藏富於民很重要，因為「民有餘即讓，不足則爭。讓則禮義生，爭則暴亂起」，基本的溫飽可令大部分人滿足，這個時候，為政者應教化百姓禮義仁德，教導他們不要過分貪婪，以免受到法律的處罰。

故物豐則欲省，求澹則爭止。

譯文　故此物質豐富慾念便要淡薄，追求淡薄簡單的生活便會停止爭奪。

卷十二　道應

本卷導讀——

本卷是專門論道的篇章，與〈原道〉着重闡述理論的不同之處在於本卷運用了講故事的方式闡釋深奧的道理，這樣比較形象化，而且用事實作為題材，令讀者更容易明白。卷中所引用的五十二則故事採自《呂氏春秋》、《莊子》、《列子》、《韓非子》等不同著作，集合了歷史和寓言故事，形成精品短文的特殊風格。此外，作者在每篇故事的結尾都會引出《老子》的話作為結語，共引用了《老子》語錄五十五段。卷中引用了多本著作的故事，亦顯出其容納百家的特色。

太清問於無窮曰[1]：「子知道乎？」無窮曰：「吾弗知也。」又問於無為曰[2]：「子知道乎？」無為曰：「吾知道。」「子之知道，亦有數乎？」無為曰：「吾知道有數。」曰：「其數奈何？」無為曰：「吾知道之可以弱，可以強；可以柔，可以剛；可以陰，可以陽；可以窈[3]，可以明；可以包裹天地，可以應待無方。此吾所以知道之數也。」

注釋

1 太清：太清與下文的無窮、無為都是擬人化的虛構人物。無窮：宇宙未有之前。
2 無為：宇宙已有形態，是一種自然活動形式，不能改變。3 窈：幽暗不明。

譯文

太清問無窮說：「你知道什麼是『道』嗎？」無窮說：「我不知道。」太清又問無為說：「你知道什麼是『道』嗎？」無為說：「我知道『道』。」太清回應說：「你所知的『道』，有什麼特點？」無為說：「我知『道』有一定的特點。」太清說：「『道』的特點是什麼？」無為說：「我所知道的『道』，可以弱小，可以強大；可以柔和，可以剛勁；可以陰，可以陽；可以幽暗，可以光明；可以包裹天地，可以對應無窮。這是我所了解的『道』的特點。」

惠子為惠王為國法[1]，已成而示諸先生，先生皆善之。奏之惠王。惠王甚說之。以示翟煎[2]，曰：「善！」惠王曰：「善，可行乎？」翟煎曰：「不可。」惠王曰：「善而不可行，何也？」翟煎對曰：「今夫舉大木者，前呼邪許[3]，後亦應之。此舉重勸力之歌也，豈無鄭、衛激楚之音哉？然而不用者，不若此其宜也。治國有禮，不在文辯。」故《老子》曰：「法令滋彰，盜賊多有[4]。」此之謂也。

注釋

1 惠子：惠施，戰國時期宋國人，名家代表人物。惠王：魏國惠王。本節故事引自《呂氏春秋．淫辭》。2 翟煎：魏臣。3 邪許：號子聲，即大伙兒一起勞動時所唱的歌。4「法令滋彰」兩句：語見《老子》第五十七章。

譯文

惠施為魏惠王定立國法，制定後便向德高望重的長者儒生徵詢意見，長者儒生們都稱讚他。惠施於是將國法呈上給惠王。惠王十分高興，便給翟煎看。翟煎說：「好！」惠王說：「既然是好，可以頒佈推行嗎？」翟煎說：「不可以。」惠王說：「好卻不可推行，為什麼？」翟煎回應說：「現今抬大木頭的人，在前面呼喊『邪許』的聲音，後面的人也和應起來。此是抬重物時助長氣力的歌聲，難道沒有鄭國和衛國那種激越的音樂嗎？那些抬木頭的人不用鄭國和衛國的音樂，是因為不如這種號子聲合宜。治理國家應該以禮法內容為主，不在乎法律條文的文辭有多亮麗詳盡。」故此《老子》說：「法令越詳明，盜賊反而越多。」說的便是這個道理。

賞析與點評

人人都有自律的能力，能夠對人有禮，互相尊重，讓國家安穩。可是如果所有事情都依靠法律條文來規限，便會出現人們在法庭上糾纏爭辯，在文字上找錯處，找灰色地帶來辯護的情況，這樣社會國家便無法長治久安。

田駢以道術說齊王[1]，王應之曰：「寡人所有，齊國也。道術難以除患，願聞國之政。」田駢對曰：「臣之言無政，而可以為政。譬之若林木無材，而可以為材。願王察其所謂，而自取齊國之政焉已。雖無除其患害，天地之間，六合之內，可陶冶而變化也。齊國之政，何足問哉！」此老聃之所謂「無狀之狀，無物之象」者也。若王之所問者，齊也；田駢所稱者，材也。材不及林，林不及雨，雨不及陰陽，陰陽不及和，和不及道。」

注釋

1 田駢：即陳駢，戰國時齊國人，能言善辯，曾誇耀天下都在他的口中。道術：利用一些道理或一些技巧來謀取利益。齊王：齊宣王。本節出自《呂氏春秋·執一》。

譯文

田駢用道術遊說齊王，齊王回應說：「本王所有的，是齊國了。道術難以消除禍患，我希望聽你說治理國家的方法。」田駢對他說：「下臣講的道術雖沒涉及政事，但卻可以用於政事上。譬如樹林裏沒有成材的樹木，但卻可以培植優良的樹木。希望大王細察我話中的含意，自己領悟治理齊國政事的道理。雖然我的話沒有消除禍患和災害的內容，但是在天地之間，上下六個方向之內，是可用道術陶冶化育的。齊國的政事，無須特別提問了！」這就是《老子》所講：『沒有形狀的形狀，沒有物體的形象』了。若果大王所提問的是齊國，田駢所講的是培養良材的問題。良材比不上樹林，樹林比不上雨水那樣滋潤林木，雨水比不上陰陽二氣般覆蓋大地，陰陽比不上和氣那樣圓融微密，和氣比不上大道的一體。

賞析與點評

智者觀察木頭的外表，便知道它是好材料；明白大道的智者，能夠從宏觀角度深入地體察事物，調和陰陽，輕鬆地解決事情。

對曰：「數戰則民罷，數勝則主憍[1]。以憍主使罷民，而國不亡者，天下鮮矣。憍則恣[2]，恣則極物[3]；罷則怨，怨則極慮。上下俱極，吳之亡猶晚矣！夫差之所以自到於干遂也。」故《老子》曰：「功成名遂，身退，天之道也[4]。」

注釋

1 憍（粵：嬌；普：jiāo）：同「驕」。本節出自《呂氏春秋・適威》。2 恣：放縱任性。3 極：極至的極端情況。4「功成名遂」三句：語見《老子》第九章。

譯文

（李克）回答說：「多次戰爭會令百姓疲憊，多次勝利會令君主驕傲。讓驕傲的君主役使疲憊的百姓，而國家不滅亡，天下間實在少見！君主驕傲就會放縱，放縱則會極度追求慾望；百姓疲憊就會埋怨，埋怨則會極度焦慮。上下都走到極端，吳國的覆亡已經算晚了！夫差因而在干遂自殺。」所以《老子》說：「功業完成又得到名譽，然後收斂退讓，合乎自然的規律。」

甯越欲干齊桓公[1]，困窮無以自達，於是為商旅，將任車[2]，以商於齊，暮宿於郭門之外[3]。桓公郊迎客，夜開門，辟任車，爝火甚盛[4]，從者甚眾，甯越飯牛車下[5]，望見桓公而悲，擊牛角而疾商歌。桓公聞之，撫其僕之手曰：「異哉！歌者非常人也！」命後車載之。桓公及至，從者以請。桓公贛之衣冠而見[6]，說以為天下。桓公大說，將任之。群臣爭之曰[7]：「客，衞人也。衞之去齊不遠，君不若使人問之。問之而故賢者也，用之未晚。」桓公曰：「不然。問之，患其有小惡也。以人之小惡而忘人之大美，此人主之所以失天下之士也。」凡聽必有驗，一聽而弗復問，合其所以也。且人固難合也，權而用其長者而已矣。當是舉也，桓公得之矣。故《老子》曰：「天大、地大、道大、王亦大。域中有四大，而王處其一焉[8]。」以言其能包裹之也。

注釋

1 甯（粵：寧；普：níng）越：亦作甯戚，春秋時期衞國人。干：求官。本節出自《呂氏春秋．舉難》。2 將：送。任車：載貨的車輛。3 郭：城廓外牆。4 爝（粵：雀；普：jué）火：火把。5 飯：餵飼。6 贛（粵：貢；普：gòng）：賞賜。7 爭：通「諍」，直言勸諫。8「天大」三句：語見《老子》第二十五章。

譯文

甯越想向齊桓公求取一個職位，但是他窮困得無法找到旅費前往齊國，於是他加入往齊國的商旅，駕車到齊國，傍晚在城外休息。剛巧桓公在郊外迎接賓客，士兵打開城門，讓車隊經過，火把甚為光亮，跟從的人很多。甯越在車下餵牛時，望見桓公便悲從中來，敲打牛角唱歌，桓公聽了，撫着僕人的手說：「太奇異了，唱歌的人非比尋常！」便命令後方的車輛接載甯越。桓公後來回到宮廷，侍從請甯越晉見，桓公賞賜他衣裳冠帽並接見他，甯越於是講述經營天下的策略以遊説桓公。桓公非常高興，準備任命他，群臣直言勸導説：「這位貴客，是衞國人。衞國距離齊國不遠，君王不如先命人查問一下。問了之後，如證實甯越是賢良的人，再任用他也不太遲。」桓公説：「不是這樣。查問的時候，怕他以往有小錯失，因為一個人的小錯失而忘掉了他的大好優點，這是君主失去天下賢明之士的原因。」凡是一個人聽到聲音一定會產生心理效應，桓公聽了甯越的歌聲和談話，便不再問他的底細，這是因為甯越的話符合桓公的心意。而且人與人之間實在很難完全合意，權衡輕重後用他的長處就行了。桓公這次舉動做得正確，他真的得到一名人才。故此《老子》説：「天大，地大，道大，帝王亦大。宇宙之內有四大，而帝王是其中之一。」這話是説君主的心量要能包裹一切。

中山公子牟謂詹子曰[1]：「身處江海之上，心在魏闕之下[2]。為之奈何？」詹子曰：「重生。重生則輕利。」中山公子牟曰：「雖知之，猶不能自勝。」詹子曰：「不能自勝，則從之。從之，神無怨乎！不能自勝而強弗從者，此之謂重傷。」

重傷之人，無壽類矣！」故《老子》曰：「知和曰常，知常曰明，益生曰祥，心使氣曰強[3]。」

注釋

1 中山公子牟：戰國時期魏國的公子，魏國攻佔中山，他被封於此地，名為魏牟。中山在現今河北省一帶。詹子：魏國人詹何，修道人士。本節出自《呂氏春秋．審為》和《莊子．讓王》。2 闕：宮門外兩旁的守護樓，牆壁用作懸掛政府通告，稱為闕。這裏借指朝政。3「知和曰常」四句：語見《老子》第五十五章及五十二章。

譯文

中山公子魏牟向術士詹何說：「我身處江海隱居避世，而心卻在魏國的朝廷，為什麼呢？」詹何說：「重視生命吧，重視生命就能輕視利益。」魏牟說：「雖然我知道重生輕利的道理，但我仍舊不能自我克制慾念。」詹何說：「不能克制慾念，便放縱它。放縱它後，精神便不會埋怨了！如果不能克制而勉強不跟從精神的意願，這就稱為雙重傷害。受雙重傷害的人，會歸入不能長壽的類別啊！」故此《老子》說：「認識調和的道理稱為『常』，認識常道稱為『明』，貪戀生命而縱慾便會有災殃，心機驅使精氣稱為逞強。」

楚莊王問詹何曰[1]：「治國奈何？」對曰：「何明於治身，而不明於治國？」楚王曰：「寡人得立宗廟社稷，願學所以守之。」詹何對曰：「臣未嘗聞身治而國亂者也，未嘗聞身亂而國治者也。故本任於身，不敢對以末。」楚王曰：「善。」故《老子》曰：「修之身，其德乃真也[2]。」

注釋

1 楚莊王：一說指應為楚頃襄王。本節出自《呂氏春秋．執一》及《列子．說符》。

2 「修之身」兩句：引用《老子》第五十四章。

譯文

楚莊王問詹何說：「治國有什麼方法呢？」詹何對應說：「為何明白治養身心的道理，而不明白治國的道理呢？」楚王說：「本人能夠繼立祖先的宗廟和國家的大業，願意學習守國的道理。」詹何回答說：「我沒有聽聞過自身治養好而國家卻混亂的，也沒有聽聞過身心混亂生病而國家卻能夠治理得很好的。因此治國之根本在於自己的身心，我不敢以枝末的事來回應君主。」楚王說：「好。」故此《老子》說：「修養自身，他的道德才是真實的。」

賞析與點評

蕭昌明提到：「上智之人，以行為道，以身為丹；中智之人，以身為道，以性為丹；下智之人，以性為道，以命為丹」，上智之人修養自身成丹，與這段所述的「修之身，其德乃真」是一致的。

故曰聖人之處世[1]，不逆有伎能之士。故《老子》曰：「人無棄人，物無棄物，是謂襲明[2]。」

注釋　1 曰：疑為衍文。2「人無棄人」三句：語見《老子》第二十七章。

譯文　故此聖人的處世之道，不會拒絕有技能的人。因而《老子》說：「（能夠人盡其才便）沒有被遺棄的人才，（善於物盡其用便）沒有被拋棄的物品，這是合於道而保持明境。」

賞析與點評

有道德的人是會物盡其用，這亦反映了古代的環保思想。

顏回謂仲尼曰：「回益矣[1]。」仲尼曰：「何謂也？」曰：「回忘禮樂矣。」仲尼曰：「可矣。猶未也。」異日復見，曰：「回益矣。」仲尼曰：「何謂也？」曰：「回忘仁義也。」仲尼曰：「可矣。猶未也。」異日復見曰：「回坐忘矣[2]。」仲尼遽然曰[3]：「何謂坐忘？」顏回曰：「隳支體[4]，黜聰明，離形去知，洞於化通。是謂坐忘。」仲尼曰：「洞則無善也[5]，化則無常矣。而夫子薦賢，丘請從之後。」故《老子》曰：「載營魄抱一，能無離乎！專氣至柔，能如嬰兒乎[6]？」

注釋

1 益：得益，長進。本節出自《莊子．大宗師》，文字稍有改動，而顏回及孔子的對話是莊子虛構的。2 坐忘：指靜坐而忘掉外物和自我，與道合一的精神境界。3 遽然：突然、猛然。4 隳：廢棄。5 善：《莊子》作「好」，即嗜好。6「載營魄抱一」四句：引用《老子》第十章。

譯文

顏回對孔子說：「我最近有長進了。」孔子說：「那是什麼意思？」顏回說：「我忘掉禮樂了。」孔子說：「不錯啊，似乎仍不夠。」過了一段日子後，二人再見面，顏回說：「我近來又有新長進了。」孔子說：「那是什麼意思？」顏回說：「我忘掉仁義了。」孔子說：「不錯啊，似乎仍不夠。」又過了一段日子後，二人再見面，顏回說：「我達到坐忘的境界了。」孔子突然改變臉色說：「什麼是坐忘？」顏回說：「我靜坐時忘掉了肢體的存在，罷黜聰明，離開了形軀，變得無智無慧，洞察自然變化的妙道。這就叫坐忘。」孔子說：「與道融合就沒有了嗜好，與道化而為一就不拘於常理。看來夫子已遠遠超遠了我，讓我跟從在你後面吧。」故此《老子》說：「形軀與精神魂魄合一，能夠不分離嗎？結集精氣達至柔和暢順，能夠像嬰兒的狀態嗎？」

物故有近之而遠，遠之而近者。故大人之行，不掩以繩，至所極而已矣。此所謂《管子》「梟飛而維繩」者[1]。

注釋

1 梟飛而維繩：語出《管子・宙合》，《管子》作：「鳥飛而准繩」。

譯文

所以說事物有時近在身旁卻遠在天邊，有時遠在天邊卻近在身旁。故此智者行事，不會死守規條，能夠達到終極的目標就行了。這就是《管子》所講的「雀鳥的飛行不像繩子的畢直，但牠們一定能達到目標。」

賞析與點評

確立長遠的目標，中間的過程看似偏離是不重要的，只要在過程中學習，增長智慧，不斷改善，就會一步一步地接近目標。

曰：「何謂益而損之[1]？」曰：「夫物盛而衰，樂極則悲，日中而移，月盈而虧。是故聰明睿智[2]，守之以愚[3]；多聞博辯，守之以陋；武力毅勇，守之以畏；富貴廣大，守之以儉；德施天下，守之以讓。此五者，先王所以守天下而弗失也。反此五者，未嘗不危也。」故《老子》曰：「服此道者不欲盈。夫唯不盈，故能弊而不新成[4]。」

注釋

1 損：減損。自己為着長遠和整體的情況而損減眼前利益。本節出自《說苑．敬慎》、《韓詩外傳》等書。2 睿智：通達深厚的智慧，接近或等同聖人的完美智慧。3 守之以愚：道家中很重要的思想，提醒人們不要魯莽行事，以免出現錯誤。4「服此道者不欲盈」三句：引用《老子》第十五章。

譯文

（子貢）問：「何謂要得益，先要減損？」孔子說：「因為事物旺盛後就會衰敗，快樂到極點便會產生悲傷，太陽到了中午就會向西偏移，月亮圓了之後就會殘缺。故此要達到聰明和最高的智慧，必須守持愚拙；要見多識廣博學雄辯，必須守持孤陋寡聞；要勇猛堅毅，必須守持敬畏膽怯的狀態；要富貴尊大，必須守持節儉的生活；要道德佈施天下，必須守持謙遜退讓。這五種情況，是從前聖王守護國家而沒有錯失的原因；違反這五種情況，沒有不危險的。」因而《老子》說：「要維持此道的人，不要求滿足慾望。唯有不滿足，才能去舊更新。」

賞析與點評

許多人都知道「物極必反」，此段認為應謙虛地守在「不盈」區域，如「聰明睿智，守之以愚；多聞博辯，守之以陋；武力毅勇，守之以畏；富貴廣大，守之以儉；德施天下，守之以讓」，就是用餘白、留白的態度，給別人和自己留一點空間。

卷十三　氾論

本卷導讀——

以多角度來觀察事物，是開啟自我智慧竅門的重要途徑。本卷題為「氾論」，「氾」是氾濫，指各種觀點多如大水氾濫。能夠掌握道的源頭，自然可以開闊地談論大變化，故此高誘解題說：「博說世間古今得失，以道為化，大歸於一。」本卷從各種觀點看天地的事情、古今的變幻得失，內容廣泛而具啟發性。本卷所討論的內容廣泛，包括法制問題，認為「治國有常，以利民為本。」在介紹禮樂法制的同時，又說明服裝的變化、器具的發明和使用，認為「法與時變，禮與俗變」，禮樂不能死守古代的規條，必須與時並進，表現出道體的活動。在治政方面，又提出「權變」的思想，主張剛柔並重，「乘時應變」。此外，又論及天人的關係，作者不以鬼神解釋，而是以大道來說明天人的關係，認為這是道化的其中一種現象；而任何天地的事物、人間的論述，都歸納於一個整體的大道。

古者有鍪而綣領以王天下者矣[1]。其德生而不辱，予而不奪[2]，天下不非其服，同懷其德。當此之時，陰陽和平，風雨時節，萬物蕃息，烏鵲之巢可俯而探也，禽獸可羈而從也，豈必褒衣博帶[3]，句襟委章甫哉[4]？

注釋

1 古者：指遠古三皇五帝之前。鍪（粵：謀；普：móu）：古代的名貴冠帽。綣（粵：勸；普：quǎn）領：翻捲皮毛作為衣領。2 予而不奪：讓老百姓豐衣足食，不會徵收重大的賦稅，奪去民眾的財產。3 褒衣博帶：古代儒生所穿着的衣服，較為寬鬆。4 句（粵：勾；普：gōu）襟：彎曲的衣襟。委：周朝的冠帽。章甫：商朝的緇布冠，用於成人加冠禮的冠帽。以上是指儒服。

譯文

古代的人戴上名貴的帽，把皮毛翻起成為衣領，莊嚴謹慎，成為了帝王治理邦族的規範。他的德政令人民生活安穩，沒有殺戮侮辱，只有給予人民財富，而沒有徵收重稅，爭奪人民的利益。全國沒有人非議他的服飾，大家一同歸附，心懷他的恩德。在那個時候，宇宙陰陽和平，大地風調雨順，各依時節，萬物生長繁榮，氣息旺盛。烏鴉和喜鵲的鳥巢築在低處，隨地可以拾得，禽獸只要稍為用繩子綁着，就會跟在人的後面走。哪裏需要穿着儒生的寬衣，繫上寬腰帶，穿着彎曲襟衣，戴着布冠禮帽呢？

故民迫其難則求其便，困其患則造其備，人各以其所知[1]，去其所害，就其所利。常故不可循[2]，器械不可因也[3]，則先王之法度有移易者矣。

注釋　1 知：古意通「智」，但此處兼合知識、智慧兩種意義。2 常故：舊有的習慣和知識。3 因：因循，依舊不變。

譯文　所以人民被壓迫受難就會尋求方便快捷的方法離開，經歷困逼禍患便會製造防備的工具，人們憑自己的知識才智，避開有害的，靠近有利的。舊習慣不可以完全依循，器械物件不可以依舊不變，因此以往的帝王法律制度也有移除修改的必要。

故聖人制禮樂，而不制於禮樂[1]。治國有常，而利民為本；政教有經[2]，而令行為上。苟利於民[3]，不必法古。苟周於事，不必循舊。夫夏、商之衰也，不變法而亡。三代之起也，不相襲而王。故聖人法與時變，禮與俗化，衣服器械各便其用，法度制令各因其宜。故變古未可非，而循俗未足多也[4]。

注釋　1 不制：不受到牽制。2 經：常理或常規，經典內所記載的常規道理。3 苟：能夠。

4 多：稱讚。

譯文

故此聖人制定禮樂，不會受制於禮樂的規條。治國都是用常理，以有利於人民為根本原則；政令和教化都有經典常規作為依據，而政令以能夠實行為最好。只要能夠有利於人民的，就不一定要效法古制；能夠配合實際事理的，就不一定要依循舊法。夏朝和商朝衰敗，是因為不變通古制而滅亡；夏、商、周三代興起，就是因為不沿襲舊法而令天下和諧興旺。因此聖人的法制是與時俱變的，禮儀隨着風俗不同而變化。衣服和器物各自方便使用，法律制度和政令各自因時制宜。所以變更古法無可非議，因循守舊不值得稱讚。

故不用之法，聖王弗行；不驗之言，聖王弗聽。天地之氣，莫大於和。和者，陰陽調，日夜分，而生物。春分而生，秋分而成，生之與成，必得和之精。故聖人之道，寬而栗[1]，嚴而溫，柔而直，猛而仁。太剛則折，太柔則卷，聖人正在剛柔之間，乃得道之本。積陰則沉，積陽則飛，陰陽相接，乃能成和。

注釋

1 栗：堅硬。

譯文

故此沒有用的法制，聖王不會推行；不符實際的言論，聖王不會聽取。天地之間的氣，沒有比「和」的功能更大了。和，使陰陽調和，日夜分配分明，從而產生萬物。春分的時節萬物生長迅速，秋分的時候就有所收成，由生長至收成，都必定是得到和氣的精華。因此聖人治國的原則，寬厚而堅定，嚴肅而溫和，柔順而正直，猛烈而仁慈。太剛強則會折斷，太柔軟則會捲縮，聖人剛好掌握在剛柔之間，處理所有事務，這正是得到大道的根本。積聚陰氣則會下沉，積聚陽氣則會飛揚，陰氣和陽氣互相接觸調和，才能形成「和」的作用。

賞析與點評

極度剛柔都會變成壞事，「太剛則折，太柔則卷」，這是物理現象，也是人性的表現，調和恰當，才是大道的智慧。

夫繩之為度也，可卷而伸也，引而伸之，可直而睎[1]，故聖人以身體之。夫修而不橫，短而不窮，直而不剛，久而不忘者，其唯繩乎！故恩推則懦，懦則不威；

嚴推則猛，猛則不和；愛推則縱，縱則不令；刑推則虐，虐則無親。

注釋　1 睎（粵：希；普：xī）：仰望。

譯文　墨繩作為量度的器具，可以捲曲包圍，拉引伸長它時，可以瞄準測直，故此聖人以身軀來體現墨繩這兩種特性。雖然修長但不會阻塞，雖然短但不會窮盡，雖然正直但不剛烈，長久而不會被遺忘，這都是墨繩的特性吧？因此只推行恩德的政令會變得懦弱，懦弱則不威武；只推出嚴厲的政令就會太過猛烈，猛烈則不和睦；只推行仁愛的政令會變成放縱，放縱便沒有人聽從命令；只推行刑罰會顯得暴虐，暴虐則沒有人親附。

今不知道者，見柔懦者侵，則矜為剛毅；見剛毅者亡，則矜為柔懦。此本無主於中，而見聞舛馳於外者也[1]，故終身而無所定趨。

注釋　1 舛（粵：喘；普：chuǎn）：乖離，違背正路。

譯文　現今不知寬猛並濟之道的人，看到柔順懦弱的人便侵凌他們，自誇為剛強堅毅；

看到剛強堅毅的人就逃走，則自誇為柔順懦弱。這是因為沒有主見原則在心中，以致看到外在的事物就錯亂奔馳，故他們一生中都沒有固定的方向和目標。

賞析與點評

現在有許多人都喜歡批評挑剔別人，「見柔懦者侵，則矜為剛毅；見剛毅者亡，則矜為柔懦」，不會欣賞別人的長處，加以學習，他們善惡不分，最終只會墮落，埋葬自己的人性。

夫弦歌鼓舞以為樂，盤旋揖讓以修禮[1]，厚葬久喪以送死，孔子之所立也，而墨子非之。兼愛尚賢，右鬼非命[2]，墨子之所立也，而楊子非之。全性保真，不以物累形，楊子之所立也[3]，而孟子非之。趨捨人異，各有曉心[4]。故是非有處，得其處則無非，失其處則無是。

注釋

1 揖讓：作揖行禮，身體彎躬，互相讓路。2 右：尊崇。《墨子．明鬼》認為人死後會成為鬼，作惡的人會被鬼報復。非命：否定有「命」。3 楊子：即楊朱，字子居。戰國時代衞國人。他主張「為我」、「拔一毛而利天下不為也」，與墨子的兼愛思想剛剛相反。4 曉心：心中清楚自己的判斷。

譯文

用弦歌配合打鼓舞蹈編排成為樂曲，盤旋繞行，拱揖讓路，用以修養禮儀，以厚葬和長久守喪來送別死者，這是孔子所定立的，而墨子則反對他。兼愛他人，尊敬賢士，敬重鬼神，反對宿命論，是墨子所定立的，而揚子反對他。保全真性，不因外物損害身形，是楊子所定立的，而孟子反對他。人們的取捨因人有異，各人都有自己的心思判斷。故此是非都有理由依據，明白它的依據則無須反對，失去它的依據就沒有理由接納。

賞析與點評

墨子以儉約的觀點評論儒家的厚禮，其實以不同角度察看事物就會有不同的看法，因此是非有時難以下定論。例如過分節儉，會令人變得吝嗇。

故事有可行而不可言者，有可言而不可行者，有易為而難成者，有難成而易敗

者。所謂可行而不可言者，趨舍也[1]；可言而不可行者，偽詐也；易為而難成者，事也；難成而易敗者，名也。此四策者，聖人之所獨見而留意也。詘寸而伸尺[2]，聖人為之；小枉而大直，君子行之。

注釋

1 趨舍：即取捨。2 詘（粵：屈；普：qū）寸而伸尺：不計較小的損失，以便得到較大的利益。詘亦作「詘」。

譯文

故此有些事情可行而不可說的，有些可以說而不可以實行的，有些容易做而難以成功的，亦有些難以成功而容易失敗的。所謂可以實行而不可說，是取捨；可以說而不可以實行，是詐偽；容易做而難以成功，是事業；難以成功而容易敗壞的，是名聲。這四種計策，是聖人獨到的眼光，而會特別留意的事。損失小利而得到較大的利益，聖人會這樣做；在小處受到委屈，而在大原則中堅持正直，是君子的行為。

賞析與點評

做事最難的地方是堅持，故「易為而難成者，事也」，聖賢不求名，堅持匡扶世道，失敗了會再努力，最後成功得名，因為「難成而易敗者，名也」。

齊桓公將欲征伐，甲兵不足，令有重罪者出犀甲一戟[1]，有輕罪者贖以金分，訟而不勝者出一束箭。百姓皆說，乃矯箭為矢[2]，鑄金而為刃，以伐不義而征無道，遂霸天下。此入多而無怨者也，故聖人因民之所喜而勸善，因民之所惡而禁姦。故賞一人而天下譽之，罰一人而天下畏之。故至賞不費，至刑不濫。

注釋

1 犀甲：犀牛皮製成的甲冑，引申為堅固的甲冑。古代多用動物厚皮做甲冑，犀牛皮是其中較優良的物質。戟：古代冷兵器的一種，是戈和矛的結合，具備勾、啄、撞、刺四種功能於一體。2 矯：將彎曲的物料弄成直，這裏指用火烤竹杆以弄直為箭。

譯文

齊桓公即將征戰打仗，但兵員軍械不足，於是命令有重罪的人，交出堅甲和武器，有輕罪的人按罪行程度交出金錢贖罪，訟訴失敗的人要交出一束箭。百姓都很高興，便製造挺直精良的箭，鑄造金屬成為各種兵器，用以攻伐征戰無道和不仁義的諸侯國，於是齊桓公便成為盟主稱霸天下。這就是收入多而人民沒有埋怨的例子，故此聖人因應民眾的喜好勸導他們向善，因應民眾所厭惡的來禁止奸邪的事情。因而能獎賞一個人而天下人都會讚賞，處罰一個人而天下人都會畏懼。這就是最高的獎賞而不花費，最恰當的刑罰而不濫用。

大小尊卑，未足以論也，唯道之在者為貴。何以明之？天子處於郊亭[1]，則九卿趨[2]，大夫走，坐者伏，倚者齊。當此之時，明堂太廟，懸冠解劍，緩帶而寢。非郊亭大而廟堂狹小也，至尊居之也。天道之貴也，非特天子之為尊也，所在而眾仰之。夫蟄蟲鵲巢，皆嚮天一者[3]，至和在焉爾。帝者誠能包稟道，合至和，則禽獸草木莫不被其澤矣，而況兆民乎！

注釋

1 郊亭：天子往郊外行祭禮的臨時住所。2 趨：快步地走路，有跟隨前面人群的意向。3 天一：即太一神。

譯文

大小和尊卑無須要詳論，唯有大道存在的事物是最珍貴的。怎麼説明這個道理？君主身在郊外祭祀的臨時住所，九卿會跟隨，大夫離開後，坐着的人便伏下，站立的人都互相依靠。這個時候，宮殿的禮堂，祖先的太廟，掛着冠帽，解除利劍，解開腰帶而睡。不是郊外的祭亭大，而廟堂地方狹小，大家便不顧禮儀，其實都是最尊貴的人在停留，他們才會守禮儀。大道的尊貴，不只是像君主的尊貴般，它所在的地方，眾人都會仰慕。好像蟄伏的昆蟲和雀鳥的巢，都朝向着太一神，達到和諧的存在。帝王如真能包融於大道，達到融合至和，那麼禽獸草木沒有不受到他的恩澤，更何況是萬民呢！

卷十四　詮言

本卷導讀——

本卷「詮言」是用盡言詞來詮釋大道，雖然作者明白「道可道，非常道」，但為了呈現宇宙的真諦，他仍鍥而不捨地描述具體形態的大道。本卷詳盡闡述「無為」，「無為者，道之體也」，所謂「無為」，就是歸根返本，以道應付千萬事情，執一歸道。作者認為必須拋棄世間的言辭，修養自身，保育天真的心性，順勢而行，不貪名利，簡約處事，以不變應萬變，返樸棄智地守着平靜虛常，這就是做人的「無為」之道。作者觀察到自然無為的生發功能，於是運用對比的方法，加以描寫「有為」，以正、反、合的思維方式探索無為之中的微妙運動。

洞同天地，渾沌為樸，未造而成物，謂之太一。同出於一，所為各異，有鳥有魚有獸，謂之分物。方以類別，物以群分，性命不同，皆形於有。隔而不通，分而為萬物，莫能及宗[1]，故動而謂之生，死而謂之窮。皆為物矣，非不物而物物者也[2]，物物者亡乎萬物之中。稽古太初，人生於無，形於有，有形而制於物。能反其所生，故未有形，謂之真人。真人者，未始分於太一者也。

注釋

1 宗：原始的根本。2 不物：恍惚虛無。物物：第一個「物」作動詞，解作造；第二個「物」作名詞，即事物。

譯文

無形的天地，渾渾沌沌而純樸，還沒有造成任何事物，這稱為「太一」。萬物都同樣由「一」產生，但各有不同，有雀鳥，有魚類，有禽獸，這過程稱為分別物類。按照各種規格類形，把萬物區分為不同族群品類，牠們的性質和生命狀態各自不同，但都是有形的物類。牠們之間有所阻隔，不能相通，分別成為不同種類的萬物，都不能返回本源的混一狀態，故萬物活動時稱為生存，死亡稱為生命運動的終止。牠們都已經成為有形的物類，不是虛無沒有實體，是被創造的具體物類，造物者已經消失在萬物當中。考察遠古天地未分的時候，人在無形中被創造，無形變成有形，一旦有了形體就受制於物體本身。能夠返回生命的本源，好像未有形體之前，稱為真人。真人的狀態，就是未開始從太一分離的狀態。

賞析與點評

所謂「有形而制於物」，人的肉體因為物質和慾望而有所消耗，人們沒有反思人類的高尚精神，這令當代人感到失落空虛。《淮南鴻烈》認為應「反其所生，故未有形」，回復到沒有形軀困擾的精神世界，喚醒潛伏的精神能量，達到天人合一的境界。

聖人不為名尸[1]，不為謀府[2]，不為事任[3]，不為智主。藏無形，行無跡，游無朕[4]，不為福先，不為禍始。保於虛無，動於不得已。欲福者或為禍，欲利者或離害[5]。故無為而寧者，失其所以寧則危；無事而治者，失其所以治則亂。星列於天而明，故人指之；義列於德而見，故人視之。人之所指，動則有章[6]；人之所視，行則有跡。動有章則詞，行有跡則議。故聖人揜明於不形[7]，藏跡於無為。

注釋

1 尸：主宰，承擔。2 謀府：藏謀策的地方。3 事任：事務的執行者。4 朕：徵兆跡象。5 離：通「罹」，遭遇，受到結果的影響。6 章：規章，有規律。7 揜（粵：掩；普：yǎn）：同「掩」。

譯文

聖人不會為空虛的名聲而承擔，不會成為藏謀策的人，不做事不任職，不做智巧的主人。他隱藏時沒有形體，行動而沒有蹤跡，遨遊時沒有徵兆；不事先預卜幸福，不招惹災禍；他保持在虛靜無為的狀態，活動完全出於自然。想得到幸福的人，或會變成災禍，想得到利益的人，或會受到損害。故此在無為中而安寧的人，失去寧靜便會危險；靠無為而治理事務的人，失去治理的依靠便會令天下混亂。星辰排列在空中會明亮，因而人人指着星星；仁義通過施恩惠的德行而被反映出來，因此其他人可以見到。人們所指的星星，活動都有規律軌道；人們所見的仁義，一切行為都有形跡可尋。活動有了規律就會受到批評，行為有軌跡就會受到非議。所以聖人掩蔽自己的光彩，不露形態，埋藏行動的蹤跡於無為之中。

賞析與點評

智者不會做作，隱晦而「藏無形」，因為驕傲必會招來話柄和譏笑，失去安寧，「故無為而寧者，失其所以寧則危」。

自信者不可以誹譽遷也，知足者，不可以勢利誘也，故通性之情者，不務性之所無以為；通命之情者，不憂命之所無奈何；通於道者，物莫不足滑其調[1]。

注釋

1 滑：擾亂，心境被觸動而不穩定。

譯文

自信的人不能用誹謗或讚譽來令他有所改變，知足的人不可以用權勢利益來令他受到誘惑。故此通達天性真情的人，不會做違背天性真情的事；通曉命運情理的人，不會憂心命運的無可奈何；通達於大道的人，外在的器物不足以擾亂他的精氣神。

賞析與點評

有些人因為自信不足，所以被人惡意誹謗後便情緒大受困擾。這段說「自信者不可以誹譽遷也」，說明真正有自信的人對流言毫不在意，輕鬆自在。

原天命則不惑禍福，治心術則不妄喜怒，理好憎則不貪無用，適情性則欲不過節。不惑禍福則動靜循理，不妄喜怒則賞罰不阿，不貪無用則不以欲用害性，欲不過節則養性知足。凡此四者，弗求於外，弗假於人，反己而得矣。

譯文

弄清上天命運的本原就不會疑惑禍福的降臨，管治好心態就不會喜怒無常，理順愛好和憎惡的情感就不會貪求無用的事物，適度抒發情感及慾望，慾望就不會超過節度了。不疑惑於禍福，一舉一動就循着道理而行；不喜怒無常，賞罰就恰當正確；不貪無用的事物就不會導致物慾傷害天性；慾望不超過節度，修養性情便知足常樂。這四種修養，無須假借於他人，返回自己的心身便能獲得了。

天下不可以智為也，不可以慧識也，不可以事治也，不可以仁附也，不可以強勝也。五者，皆人才也，德不盛，不能成一焉。德立則五無殆，五見則德無位矣。故得道則愚者有餘，失道則智者不足。

譯文

世界的事情不可以靠智巧去做，不可以用聰慧去識別，不可以倚賴勤勞去治理，不可以仁慈來令人依附，不可以使用強力取勝。這五種能力，都是人的才技，如果德行不高尚，就不能成就一件大事。德行修養好，這五個方面便沒有危險，這五種才技突出，德行便不被人重視了。故此得道後，愚蠢暗昧的人就變得才能卓越；失去了道德，聰明的人便會變成智慧不足。

為治之本，務在於安民；安民之本，在於足用；足用之本，在於勿奪時[1]；勿奪時之本，在於省事；省事之本，在於節欲；節欲之本，在於反性；反性之本，在於去載[2]。去載則虛，虛則平。平者，道之素也[3]；虛者，道之舍也。

注釋

1 奪時：妨礙最適當的時間，這裏指農業耕種與氣候時間。2 去載：去除內心的雜念負擔。3 素：樸素的本質。

譯文

管治國家的根本，在於切實地安定人民；安定人民的根本，在於衣食充足；衣食充足的根本，在於沒有阻礙農耕依時生產；依時生產的根本，在於減省賦稅徭役；減少賦稅徭役的根本，在於節制君臣的慾望；節制慾望的根本，在於返回天性；返回天性的根本，在於除去心中的雜念。去除雜念，心胸就會虛靜，虛靜便會平和。平和是道德的樸素性質；虛靜，是道德的根基居所。

賞析與點評

這段從「為政」開始追本溯源，逐步說明「為政」、「足用」、「勿奪時」、「省事」、「節欲」、「反性」、「去載」的根本，其層次如下：

為政→安民（令民眾安穩）→足用（使百姓衣、食、住、行充足）→勿奪時（政府不阻礙百姓生產）→省事（減省賦稅徭役）→節欲（當政者要自我節制過多的慾望）→反性（要返回天真的人性去理解老百姓）→去載（去除心中一切的負載雜念，清心寡慾）。

當做到內心「去載」，心裏就像拉起了遮擋的帷幕，心虛廣闊，平靜安然，能容納無窮的大道。

能有天下者必不失其國，能有其國者必不喪其家，能治其家者必不遺其身；能修其身者必不忘其心，能原其心者必不虧其性，能全其性者必不惑於道。故廣成子曰[1]：「慎守而內，周閉而外，多知為敗，毋親毋聽。抱神以靜，形將自正。不得之己而能知彼者，未之有也。」

注釋

1 廣成子：黃帝時代的人物，是一位有道之士。

譯文

能夠擁有天下的愛戴，必定不會失去國家；能夠擁有國家的支持，必定不會喪失家庭；能夠治理好家庭，必定不會忘記修身；能夠自我修身，必定不會忘記自己的心；能夠使心返回本原的人，必定不會虧損天性；能夠保存自己的天性，必定不會對道德感到疑惑。故此廣成子說：「向內謹慎守持，周密地向外界封閉，知道太多會敗壞心境。不要看不要聽，抱持精神寧靜，形軀便會自然正直。不得知自己的心性修養境界，而能夠知道別人的心境想法，從來沒有這種事。」

賞析與點評

此段類似儒家修、齊、治、平的思想，不過其最重要的思想還是根基的自修，即「抱神以靜，形將自正」，抱持着精神，安於寧靜的心境。

能成霸王者，必得勝者也；能勝敵者，必強者也；能強者，必用人力者也；能用人力者，必得人心也；能得人心者，必自得者也；能自得者[1]，必柔弱也。強勝

不若己者，至於與同則格[2]，柔勝出於己者，其力不可度。故能以眾不勝成大勝者，唯聖人能之。

注釋　1得：得到，古語「得」等同「德」，有德的人才能夠得到名位事物。2格：格鬥，比武。

譯文　能夠成為霸王的，必定是得到勝利的人；能夠獲勝打敗敵人的，必定是強者；能夠成為強者，必定是懂得善用眾人的力量；能夠善用眾人的力量，必定是深得人心；能夠深得大眾的心，必定是有道德的人；能夠有道德的，必定是表面柔和軟弱的。用強力勝過不及自己的人，遇到勢均力敵的對手就會與他比拼，用柔術勝過力量超過自己的人，當中的力量無法量度。故此，能從多次失敗吸取教訓而最終獲得大勝利的，只有聖人能夠做到。

何謂無為？智者不以位為事，勇者不以位為暴，仁者不以位為患，可謂無為矣。夫無為，則得於一也。一也者，萬物之本也，無敵之道也。

譯文　什麼是無為？有智慧的人不用地位權力來做事，勇敢的人不用地位權勢來施行強暴，仁德的人不用地位權勢造成禍患，這可以稱為「無為」了。達到無為而治，便得到「一」了。「一」，是萬物的根本，是無可匹敵的大道規律。

賞析與點評

這裏簡單而直接地解釋了「無為」的意義，就是在不同崗位上不胡作妄為，讓內心安穩，集中一切精神於輕鬆自然的心境狀態，與大道融為一體。

凡人之性，少則猖狂，壯則暴強，老則好利。一人之身既數變矣，又況君數易法，國數易君！人以其位通其好憎，下之徑衢不可勝理[1]，故君失一則亂，甚於無君之時。

注釋　1 徑衢（粵：渠；普：qú）：很多不同的路線，喻意為無數的花樣變化。

譯文　凡是人類的性情，少年時會狂妄，壯年時則暴力逞強，老年時則貪好利益。一個人的身體既然數次改變性情，更何況君主多次改動法律，國家多次變換君主呢！如果人以自己的職位變動來改動喜好憎惡，下屬花樣無數的辦事方式，就不能處理得有條理了，故此君主失「一」便會引致動亂，甚至比沒有君主時更混亂。

聖人無屈奇之服[1]，無瑰異之行，服不視，行不觀，言不議，通而不華，窮而不懾，榮而不顯，隱而不窮，異而不見怪，容而與眾同，無以名之，此之謂大通。

注釋

1 屈奇：長短不一的奇異服裝。

譯文

聖人沒有奇裝異服，沒有怪異的行為；別人不會看他的服裝和外表，不會觀察他的行為，議論也不會提起他，事理通達而不譁眾取寵，貧窮時不會畏懼，榮升時不會炫耀，隱藏時不窘迫，見解異於常人卻沒有人責怪他，容貌與眾人相同；沒有恰當的言詞表達這些特徵，就稱為「大通」。

賞析與點評

作者認為在平凡之中顯出偉大，是真聖者的自然表現，「無屈奇之服，無瑰異之行」，聖者不會用奇裝異服吸引他人，也不會做出怪誕的行為，他的精神大大通透於天地。

凡人之性，樂恬而憎憫[1]，樂佚而憎勞[2]。心常無欲，可謂恬矣；形常無事，可謂佚矣。遊心於恬，舍形於佚，以俟天命，自樂於內，無急於外，雖天下之大，不足以易其一概。日月廋而無溉於志[3]，故雖賤如貴，雖貧如富。

注釋

1 恬：心神寧靜舒適。2 佚：通「逸」，安樂閒適。3 廋（粵：收；普：sōu）：藏匿，隱蔽。

譯文

一般人的性情，喜愛恬適而憎惡憂愁，喜愛安逸而憎惡勞動。心境時常沒有慾望，可稱為恬適；形體時常沒有做事，可稱為安逸了。心存在恬適中，形體處在安逸中，等待上天命運的安排。自己在內心尋得快樂，不着急外間的事務，雖然世界很大，不能夠改變他一向的意志。即使日月隱匿起來，也不能令他動心，所以雖然地位低賤，但志氣卻很高貴，雖然貧窮，但精神卻很富裕。

賞析與點評

凡人都是好逸惡勞，追求名利物慾的，可是人如果永無止境地追求，便會令心身殘損。唯有修養心性，才能令精神滿足，並且「雖賤如貴，雖貧如富」，內心恬靜，無論是貧賤富貴都不會減少精神的快樂。

大道無形，大仁無親，大辯無聲，大廉不嗛[1]，大勇不矜[2]。五者無棄，而幾鄉方矣[3]。軍多令則亂，酒多約則辯。亂則降北[4]，辯則相賊[5]。故始於都者常大於鄙[6]；始於樂者常大於悲，其作始簡者，其終本必調。

注釋

1 嗛（粵：咸；普：xián）：口裏銜着東西，指貪婪。2 不矜：不會自我誇大。3 方：正道。4 降北：被人打敗而投降逃跑。5 賊：傷害。6 都：美好的情況。

譯文

大道沒有形態，大仁大慈沒有偏愛，大是大非的辯論沒有聲響，正大的廉潔沒有貪慾，大勇猛沒有驕傲自誇。不拋棄這五種優點，便接近於正道了。軍隊的命令過多或不一致便會造成混亂，酒席宴會上太多規矩就會產生爭吵；軍隊混亂便會打敗仗，爭吵辯論激烈最終會令人互助傷害或打架。故此在開始時美好，時常在最後變成醜陋；開始時快樂，時常在最後變成悲哀；開始的時候簡單，最終必定調和融合。

天道無親，唯德是與。有道者，不失時與人；無道者，失於時而取人。直己而待命，時之至不可迎而反也[1]；要遮而求合[2]，時之去不可追而援也。故不曰我無以為而天下遠，不曰我不欲而天下不至。古之存己者，樂德而忘賤，故名不動志；樂道而忘貧，故利不動心。名利充天下，不足以概志，故廉而能樂，靜而能澹。故其身治者，可與言道矣。

注釋

1 反：返回，溜走。2 要遮：阻擋，攔截。

譯文

天道沒有偏心，它只會給予有德行的人。有道的人，不會錯失時機給人幫忙；無道的人，失去時機並在他人身上獲得利益。自己正直，等待命運的安排，時機到來，不可讓它失去溜走；阻擋機遇而追求合時的人，時機過去了是拉不住的，不可以追回的。故此聖人不會說自己沒有作為，而天下的事情遠離他，不會說我沒有貪慾，而天下的事物就不落到他手裏處理。古代那些能夠保存自己的人，都是樂於行德而忘掉卑賤，因此名聲不能動搖他的意志；樂於修道而忘掉貧困，所以利益不能動搖他的心境。名利充滿世界，卻不能影響他的志氣，因此他廉潔而快樂，清靜而淡泊滿足。所以身心修養得好的人，可以和他談論大道了。

賞析與點評

很多人年青時都懷有大志，可惜受名利薰染，只剩下極少數人能「名利充天下，不足以概志」，只有身心廉潔淡靜的人，才「可與言道」。

卷十五　兵略

本卷導讀——

本卷「兵略」集中討論了戰爭。先秦諸子各有兵略觀點，本卷除了是集大成的系統性理論外，亦發展了獨特的軍事策略原則，當中談到戰爭的由來及將帥的修養和軍隊的建立。作者認為作為軍隊的高層領導，總離不開大道的修養，沒有修養自身，根本不能發揮高超的智慧，難以領軍禦敵。此外，本卷認為現實之中不能只講道德仁義，「武」字以「戈」、「止」為「武」，人們必須具備戈器防患於未然，兵精糧足，並且懂得用兵的策略，才能保家衛國。用兵之道，必須從軍事理論開始，本卷認為戰爭的目的應該是「存亡繼絕，平天下之亂，而除萬民之害」；文中又從國與國之間的政治角力，引出軍事對峙的勝敗關鍵在於正義雄師的理據是否充足，因為這影響着全軍的士氣。

本卷還有一個特色，就是「廟算思想」，作者認為在作戰控制中心內，統帥調兵遣將能夠決勝於千里之外，雖然當時通訊不發達，但統帥仍然能夠掌控全局，達到「用兵如神」的境界。此篇被後世高度評價，與《孫子兵法》同樣在軍事方面有很重要的地位。

人有衣食之情，而物弗能足也，故群居雜處，分不均，求不澹，則爭。爭，則強脅弱而勇侵怯。人無筋骨之強，爪牙之利，故割革而為甲，鑠鐵而為刃[1]。貪昧饕餮之人[2]，殘賊天下，萬人搔動[3]，莫寧其所有。聖人勃然而起，乃討強暴，平亂世，夷險除穢[4]，以濁為清，以危為寧，故不得不中絕。兵之所由來者遠矣！

注釋

1 鑠（粵：削；普：shuò）：用強火熔解金屬。2 饕餮（粵：滔鐵；普：tāo tiè）：古代神話的貪食惡獸，比喻貪心的惡人搶奪食物和利益。3 搔：即「騷」，擾亂，動亂。4 夷：鏟除平整。穢：雜亂的野草，比喻惡劣的行徑。

譯文

人類有衣食的慾望，但物資不能夠滿足人們的需求，故此族群混雜而居，分配不平均，需求得不到滿足時，便發生爭奪。爭奪，強者便會欺壓弱者，勇猛的侵凌怯懦的。人沒有很強壯的筋骨和鋒利的爪牙，所以就割下獸皮製成鎧甲，熔鐵而製成刀劍。貪婪凶惡的人，殘害搶劫天下的人，於是人民騷動，沒有了安寧的住所。聖人憤慨地挺身而出，討伐強暴的賊黨，平定亂世，消弭危險和惡劣的行徑，令濁世變為清靜，把危險變為安寧，所以強暴的人不得不在中途被滅絕。戰爭的由來很久以前便有了。

教之以道，導之以德而不聽，則臨之以威武。臨之威武而不從，則制之以兵革。故聖人之用兵也，若櫛發耨苗[1]，所去者少，而所利者多。殺無辜之民，而養無義之君，害莫大焉；殫天下之財[2]，而澹一人之欲，禍莫深焉。

注釋

1 櫛（粵：節；普：zhì）：梳子，梳頭。耨（粵：neu³；普：nòu）：鋤草，除草的工具。2 殫（粵：丹；普：dān）：耗費殆盡。

譯文

用道理教育作惡的人，以正確的德行開導他們，如果他們不聽從，便在他們面前顯示威武。在他們面前顯示威武仍不能使之遵從，便派兵馬制服他們。故此聖人用兵，好像梳頭除草一樣，去掉的是少數的害蟲，而所得的利益卻很多。殺害無辜的人民，而供養沒有仁義的君主，害處沒有比這更大了；耗盡天下財產來滿足一個人的慾望，禍患沒有比這更深遠了。

夫為地戰者不能成其王，為身戰者不能立其功。舉事以為人者眾助之，舉事以自為者眾去之。眾之所助，雖弱必強；眾之所去，雖大必亡。兵失道而弱，得道而強；將失道而拙，得道而工[1]；國得道而存，失道而亡。

注釋　1 工：精巧。

譯文　為搶奪土地而戰爭的人不可能成為王者，為一己私慾而戰的人不可能建立功業。做事為了他人的人，大家都會襄助他；做事為了自己的人，大家都會離開他。得到眾人的幫助，即使是弱小的都必定變得強大；被眾人離棄的，即使是強大的都必定滅亡。用兵失去完備的道便會衰弱，掌握到道便會增強；將領失去道會變成拙劣，得道便會變得精巧；國家得道便可生存，失去道便會滅亡。

賞析與點評

雖然軍人在戰爭中負責執行任務，但民眾的支持和擁戴卻不容忽視，因為「眾之所助，雖弱必強」，民眾的支持對士氣和勝負具有關鍵的作用。

所謂道者，體圓而法方[1]，背陰而抱陽，左柔而右剛[2]，履幽而戴明，變化無常，得一之原[3]，以應無方，是謂神明。

注釋

1 體：依照。圓、方：自然規律。2 左柔而右剛：左為主，右為輔。這裏指柔為主，剛輔助之。3 一之原：「一」這個萬物的本原，即指道。

譯文

所謂大道，是依照「圓」又效法「方」的自然規律，揹着「陰」懷抱着「陽」，左面用「柔」右面用「剛」，腳踏幽暗頭頂光明，事物變化沒有常規，只要懂得「一」的本原，就可以應對無限的變化，這便稱為「神明」。

賞析與點評

明白事物兩個極端，相互配合和克制的原理，圓與方、陰與陽、柔與剛、幽與明，恰當地使用，使精神融會其中，自然能夠體道而用，作多樣化的應用。

故廟戰者帝[1]，神化者王。所謂廟戰者，法天道也；神化者，法四時也。修政於境內而遠方慕其德，制勝於未戰而諸侯服其威，內政治也。

注釋　1 廟戰：指不動兵卒而在朝廷內籌謀計劃以令敵人降服。

譯文　故此用「廟戰」的人能稱帝，用精神感化人的人能成為君王。所謂「廟戰」，是指能夠效法宇宙大道；所謂「神化」，是指效法四季變化的規律。在國境內整治政事，令遠方諸侯都仰慕其道德，在戰爭之前制服諸侯取得勝利，令諸侯佩服你的威信，這就是國家內部政治清明的緣故。

故善用兵者，用其自為用也；不能用兵者，用其為己用也。用其自為用，則天下莫不可用也；用其為己用，所得者鮮矣。兵有三詆，治國家，理境內，行仁義，布德惠，立正法，塞邪隧，群臣親附，百姓和輯[1]，上下一心，君臣同力，諸侯服其威而四方懷其德，修政廟堂之上而折衝千里之外，拱揖指撝而天下響應[2]，此用兵之上也。

注釋　1 輯（粵：泣；普：yī）：即揖，有禮貌的揖讓。2 指撝（粵：揮；普：huī）：同指揮。

譯文

故此善於用兵的人，令士兵明白他們戰爭是對自己有利益；不善於用兵的人，令士兵只為將領、少數人的利益而作戰。讓士兵明白為自己利益而戰，則天下沒有士兵是不能利用的；令士兵為少數人的利益而戰，所得到的追隨者便很少了。用兵有三種基本戰略，管治好國家，理順日常政務，施行仁義，廣佈德澤恩惠，訂立公正的法律，堵塞奸邪的活動，令群臣親和依附，百姓和睦禮讓，全國上下一心，君主和官員同心合力，周邊的諸侯國欽佩它的威信，而天下的人都感懷這個國家的道德。在朝廷中修明政治能使千里外的敵人不敢進犯，輕鬆地處理外交關係，而天下各國都如回音般回應，這是用兵的上策。

賞析與點評

國家治理得好，有仁義道德，是令國家富強的核心。如果只單靠武力，往往不能抵禦敵人。國家必須先令政治清明，廣施仁義恩德，令人民「上下一心」，團結同心，這樣便能令士氣和力量倍增。

地廣民眾，主賢將忠，國富兵強，約束信[1]，號令明，兩軍相當，鼓錞相望[2]，未至兵交接刃而敵人奔亡，此用兵之次也。知土地之宜，習險隘之利，明奇正之變[3]，察行陳解贖之數[4]，維枹綰而鼓之[5]，白刃合，流矢接，涉血屬腸，輿死扶傷，流血千里，暴骸盈場，乃以決勝，此用兵之下也。

注釋

1 約束：指軍隊的法律、紀律。信：嚴格地執行軍令。2 錞（粵：純；普：chún）：古代的銅製樂器。古代軍隊對陣，着重禮樂的國家會把軍樂列隊，顯示紀律嚴謹。3 奇正：古代兵法術語，對陣交鋒為「正」，設計埋伏襲擊為「奇」。4 行陳：排列陣形。陳，通「陣」。解贖：分合。5 維：衍文。枹（粵：枯；普：fú）：通「桴」，鼓槌。綰（粵：wan^2；普：wǎn）：繫綁。

譯文

土地廣大人口多，領袖賢明，將帥忠良，國家富裕而兵卒強悍，軍紀肅穆，號令嚴明，兩軍對壘，看見彼此的鼓錞整齊優秀，未開始交戰，敵軍已經慌忙而逃，這是次一等的用兵策略。了解土地是否適宜作戰，熟悉有利的險隘作防衛，明白「奇正」兵法的千變萬化，細察陳列戰陣的分合規律要數，將鼓棒綑綁在手臂上槌打戰鼓，刀劍交鋒，箭矢相撞，踏着血水，踩着死傷者流出的肚腸，車輛載着無數的死傷者，血流成河，遍地骸骨暴露荒野，以這樣的決戰來取勝，是用兵的下策。

賞析與點評

「殺人一千，自損八百」，這是不變的古訓，戰爭必會使「暴骸盈場」，即使殺敵取勝，卻同時會消耗國家的兵力。

必擇其人，技能其才，使官勝其任，人能其事。

譯文

必須選擇恰當的人，估量他的才幹能力，使各種官職都有人勝任，各人能夠做好自己的專業職責。

賞析與點評

「必擇其人，技能其才」不但適用於古代戰爭，現代商戰亦同樣要有各種專業人才，如能做到這點，便能令企業從根本處壯大。

兵之勝敗，本在於政。政勝其民，下附其上，則兵強矣。民勝其政，下畔其上[1]，則兵弱矣。故德義足以懷天下之民，事業足以當天下之急，選舉足以得賢士之心，謀慮足以知強弱之勢，此必勝之本也。地廣人眾，不足以為強；堅甲利兵，不足以為勝；高城深池，不足以為固；嚴令繁刑，不足以為威。

注釋

1 畔：通「叛」，背叛。

譯文

戰爭的勝敗，根本在於政治。良好的政策可贏取民眾的愛戴，下屬依附上級的領導，那麼兵將便會強盛；民眾壓倒政府的威信，下級背叛上級，兵將便會弱小。所以道德仁義足以感懷天下的人民，功業足以應付天下的急事，選用人才足以得到賢士的心，深謀思慮足以知道強弱的形勢，這些都是必勝的根本。地廣人多，不足以令國家強大；衞甲堅硬兵器鋒利，不足以取勝；城牆高大，護城河的水深，不足以牢固地守住城池；嚴厲的命令和繁多的刑罰，不足以建立威信。

德均則眾者勝寡，力敵則智者勝愚，勢侔則有數者禽無數[1]。凡用兵者，必先自廟戰。主孰賢？將孰能？民孰附？國孰治？蓄積孰多？士卒孰精？甲兵孰利？

器備孰便？故運籌於廟堂之上，而決勝乎千里之外矣。

注釋

1 侔（粵：謀；普：móu）：均等，一致。禽：同「擒」，捉拿。

譯文

雙方的德政相同時，則以士兵數量多的一方勝於人數少的；雙方力量相若時，則以有智慧的人戰勝愚人；雙方智謀一樣時，則了解軍事策略的一方可以捉拿不懂軍事策略的一方。凡是用兵，必定要先在朝廷上謀劃。哪一方的君主賢明？哪一方的將軍有才能？哪一方的人民親附？哪一方的國家管治得好？哪一方的積蓄軍糧充足？哪一方的士卒訓練精鋭？哪一方的鎧甲兵器堅固鋒利？哪一方的器械軍備方便使用？故此在朝廷上能運籌帷幄，便能夠決定千里之外的戰場的勝利。

賞析與點評

在面對戰爭這些大事時，必須有自知者明，懂得自我審查清楚每一項細節，明確判斷能否取得勝利，否則不能妄動干戈。

故淩人者勝[1]，待人者敗，為人杓者死[2]。兵靜則固，專一則威，分決則勇[3]，心疑則北，力分則弱。故能分人之兵，疑人之心，則錙銖有餘[4]；不能分人之兵，疑人之心，則數倍不足。故紂之卒，百萬之心；武王之卒，三千人皆專而一。故千人同心則得千人力，萬人異心則無一人之用。

注釋

1 淩（粵：零；普：líng）：跨越，這裏有靈活快速、超越對方的含意。2 杓：被攻擊的目標，不動的標靶。3 分決：每個人職責分明。4 錙銖（粵：資朱；普：zī zhū）：錙銖，微小的重量單位。形容少量士兵。

譯文

故此行軍快速靈活，能跨越敵人的便獲得勝利，等待和被動的軍隊便會失敗，成為被攻擊的目標必定死亡。部隊冷靜則穩定堅固，目標一致則威猛，職責分明則勇敢，互相猜疑則會失敗，力量分散則會削弱兵力。因此能分散敵人的兵力，使敵軍產生疑心，那麼動用少量兵馬對付敵軍也綽綽有餘；不能夠分散敵人的兵力，不能令敵軍內心產生疑惑，則有數倍的軍力也不足夠。所以紂王的兵卒，百萬人有百萬種不同的心態；周武王的士卒，三千人一條心。因此千人同心就得到千人的力量；萬人異心則沒有一個人的力量可用。

賞析與點評

分散敵人的力量，使敵軍分心，就是把敵人由大變小，使對方「萬人異心則無一人之用」。由此可見，戰爭中士兵的心理是否團結合一是十分重要的，故此大將必須對人的心理有所了解。

是故聖人貴靜，靜則能應躁，後則能應先，數則能勝疏[1]，博則能禽缺[2]。故良將之用卒也，同其心，一其力，勇者不得獨進，怯者不得獨退，止如丘山，發如風雨，所淩必破，靡不毀沮，動如一體，莫之應圉[3]，是故傷敵者眾，而手戰者寡矣。夫五指之更彈，不若卷手之一挃[4]。萬人之更進，不如百人之俱至也。

注釋

1 數（粵：促；普：cù）：密。2 缺：殘缺不周密，被人進攻的缺口。3 圉（粵：御；普：yù）：通「禦」，抵禦。4 挃（粵：窒；普：zhì）：擣，撞。

譯文

故此聖人珍惜清靜，清靜能夠應付敵人的急躁，在後面能夠應付前面的敵人，計劃周密能夠戰勝計劃疏漏的軍隊，列陣完整的能夠捉拿殘缺陣勢的部隊。所以優良的將領帶兵，會使兵卒同心合力，勇猛的人不會單獨進攻，怯懦的人不會單獨徹退。整支軍隊靜止時像山丘，出發進攻時有如狂風暴雨，被他們攻擊的敵軍必定敗破，沒有不毀靡沮喪的；他們的軍隊行動時有如一個整體，沒有誰能抵禦得住。因此他們能殺傷許多敵人，而很少以短兵相搏。用五隻手指輪流彈擊，不如緊握拳頭用力一擊；一萬人逐個交替前進，不如一百人一起禦敵。

賞析與點評

這段指出領袖要心平氣和地指揮，因為「靜則能應躁」，當敵方躁動無序，這正是進攻的良機。此外又指出軍隊着重團隊精神，士兵必須合群和服從命令，因為「五指之更彈，不若卷手之一挃」，必須集中力量攻擊敵人。

神莫貴於天，勢莫便於地，動莫急於時，用莫利於人。凡此四者，兵之幹植也，然必待道而後行，可一用也。

譯文　用兵作戰，精神沒有比合乎天道更珍貴的，形勢沒有比佔有地險更方便的，行動沒有比抓住時機更急切的，功用沒有比人的團結更有利的。這四種情況，都是戰鬥的基本條件，然而必定要依賴大道才能夠實行，並且可以整體一起發揮效用。

將者必有三隧[1]、四義、五行、十守。所謂三隧者，上知天道，下習地形，中察人情。所謂四義者，便國不負兵[2]，為主不顧身，見難不畏死，決疑不辟罪。所謂五行者，柔而不可卷也，剛而不可折也，仁而不可犯也，信而不可欺也，勇而不可凌也。所謂十守者，神清而不可濁也，謀遠而不可慕也[3]，操固而不可遷也，知明而不可蔽也，不貪於貨，不淫於物，不嚂於辯[4]，不推於方[5]，不可喜也，不可怒也。

注釋

1 隧：通「達」。「三隧」指通曉三種情況。2 便國：對國家有利的結果，方便國家獲得利益。負兵：帶走兵馬，自立為小領袖。3 慕：即「暮」，遲緩的調兵。4 嚂（粵：艦；普：lan）：貪求。5 推：擴充。方：區域。

譯文

將軍必須具備的條件有三隧、四義、五行、十守。所謂「三隧」，是指上知天文術數，在下熟習地形環境，中間洞察人情事理。所謂「四義」，是指忠誠為國不擁兵自重，為君主奮不顧身，遇到危難時不怕犧牲生命，解決疑問不怕承擔責任。所謂「五行」，是指柔軟但不能捲縮，剛強但不能折斷，仁慈但不容侵犯，信實但不被欺騙，勇猛但不能被淩駕。所謂「十守」，是指精神清澈堅守不能混濁，謀略遠大不能朝秦暮楚，操守堅定不能變遷，智慧明達不能被蒙蔽，不貪錢財，不沉醉於物慾，不花言辯駁，不擴充地盤，不能喜極忘形，不能怒火中燒。

是故無天於上，無地於下，無敵於前，無主於後，進不求名，退不避罪，唯民是保，利合於主，國之實也，上將之道也。如此，則智者為之慮，勇者為之鬥，氣厲青雲，疾如馳騖，是故兵未交接而敵人恐懼。

譯文

故此士卒戰鬥時好像沒有天在上，沒有地在下，沒有敵軍在前面，不擔憂君主在後方牽制，進攻不為名譽，後退不逃避罪責，心中只想保衛人民，符合君主的利益，令國家利益有實在受惠的地方，這便是上將軍的用兵之道。主將能夠做到這樣，有智慧的人便為他出謀獻策，勇士會為他戰鬥，士氣壯厲直衝青天雲霄，疾飛奔馳，所以還未交戰敵人便恐懼了。

卷十六　說山

本卷導讀——

崇山峻嶺，使人有穩重的感覺，山嶺崇高屹立，有如大道擎天不倒。原注解說：「山為道本，仁者所處，委積若山，故曰說山。」仁者樂山，因為山中萬物生氣勃勃，生而不相爭，在山的不同高度都有不同的生態環境；山中氣候變幻無常，也反映出大道的常理。本卷運用大量的故事闡揚道理，內容廣泛；又用簡潔的箴言表達，透露出《淮南鴻烈》的絢麗辭藻。

魄問於魂曰[1]：「道何以為體？」曰：「以無有為體。」魄曰：「無有有形乎？」魂曰：「無有。」「何得而聞也？」魂曰：「吾直有所遇之耳！視之無形，聽之無聲，謂之幽冥。幽冥者，所以喻道，而非道也。」魄曰：「吾聞得之矣！乃內視而自反也。」魂曰：「凡得道者，形不可得而見，名不可得而揚。今汝已有形名矣，何道之所能乎！」魄曰：「言者，獨何為者？」「吾將反吾宗矣。」魄反顧，魂忽然不見，反而自存，亦以淪於無形矣[2]。

注釋

1 魄：人的精氣力量。魂：人的靈性神志。2 淪：陷入，變成。

譯文

魄問魂說：「大道用什麼作為本體？」魂說：「用『無有』為本體。」魄說：「『無有』有形體嗎？」魂說：「無有。」魄問：「既然沒有形體，怎樣聽聞它呢？」魂說：「我只是遇到後才知道。看它時沒有形狀，聽它時沒有聲音，稱為幽冥。幽冥，是用以比喻大道的，並非大道本身。」魄說：「我知道如何得道了，就是精神向內察覺形體，而自己返本歸原。」魂說：「凡是得道的人，形體不能被看見，名字不能被宣揚。現在你已有形體名字了，為何說已得大道呢！」魄說：「既然你會說話，怎麼說你沒有形體？」「我將要返回我的根本了。」魄回頭一看，魂忽然之間不見了，回頭望自己，也突然變成無形了。

賞析與點評

這裏用魂、魄來描述大道的含意——「無有為體」，清楚說明道在無有之間，故切勿為道體定形。

視日者眩，聽雷者聾；人無為則治，有為則傷。無為而治者，載無也；為者，不能有也[1]；不能無為者，不能有為也。人無言而神，有言則傷。無言而神者載無，有言則傷其神。之神者[2]，鼻之所以息，耳之所以聽，終以其無用者為用矣。

注釋

1 有：王念孫認為應作「無為」，可從下句「有為」推斷之。2 之神者：疑為衍文。

譯文

眼望太陽會暈眩眼花，耳聽雷聲會耳鳴耳聾；人無為就可以治理好事情，有為便會受到傷害。無為而治，便無所不載；有為，便不能沒有好惡情慾；不能沒有好惡情慾，便不能有大作為。人閉口沒有說話，便精神飽滿，喜歡說話便會傷神。沒說話便精神充裕，內心便無所不載；有說話便會傷害精神。鼻子能夠呼吸，耳可以聽到聲音，精神最終都在無用的情況中成為有用的功能。

念慮者不得卧，止念慮[1]，則有為其所止矣，兩者俱忘[2]，則至德純矣。聖人終身言治，所用者非其言也，用所以言也。

注釋　1 止念慮：停止思念憂慮的煩惱。2 兩者：指念慮本身及想停止念慮的意識。

譯文　有思念憂慮的人，不能夠安然入睡；停止思念憂慮，便是故意想辦法使它停止。如果兩者都拋棄忘掉，便達到最高而純和的道德境界了。聖人一生談論修身治國平天下的事，但他並非運用言語的表面意思，而是應用言詞的精神內涵和原則。

江、河所以能長百谷者，能下之也。夫惟能下之，是以能上之。

譯文　長江、黃河所以能夠令百谷生長，是因為它們能夠處於低下的地方。就是能夠處於低下，才能成為高尚。

賞析與點評

水被人稱譽「潤下」，因它能滋潤大地的一切生物。由於水性能普濟群生，因此本節便讚揚水的高尚。

泰山之容[1]，巍巍然高，去之千里，不見埵堁[2]，遠之故也。秋豪之末，淪於不測。是故小不可以為內者，大不可以為外矣。蘭生幽谷，不為莫服而不芳。舟在江海，不為莫乘而不浮。君子行義，不為莫知而止休。

注釋

1 泰山：在山東省內，是五嶽中的東嶽，又稱為「岱山」、「岱宗」、「岱嶽」、「頂上」、「太山」、「泰岱」。2 埵（粵：朵；普：duǒ）：埵，堅硬的泥土堆。堁（粵：課；普：kě）：塵土。

譯文

泰山的容貌，巍峨高昂，離開千里之外，看到的就好像小土堆和塵土，因為距離遙遠的緣故。秋毫的微末細小，可以淪沒至不可測量的情況。故此細小到極點，再找不到內裏的空間，龐大到無限，再找不到外面的界線。蘭草生長在幽深的山谷裏，不會因為無人採摘佩戴而不發出芬芳。船在江海上面停泊，不會因為無人乘坐而不浮起。君子行為正義，不會因為無人知道而停止下來。

賞析與點評

道德是人類獨有的崇高行為，「君子行義，不為莫知而止休」，真君子不論寵辱，時刻都浸沒在大道之中。

江出岷山，河出昆侖，濟出王屋[1]，潁出少室[2]，漢出嶓冢[3]，分流舛馳，注於東海，所行則異，所歸則一。通於學者若車軸，轉轂之中，不運於己，與之致千里，終而復始，轉無窮之源。不通於學者若迷惑，告之以東西南北，所居聆聆，背而不得，不知凡要。

注釋

1 濟：濟水，出自河南省濟源縣王屋山，南流注入黃河，又稱為「沇水」。2 潁：潁水，出自河南省登封縣西境的潁谷，少室山附近，東南流經河南、安徽，至西正陽關入淮河。3 漢：漢水，出自陝西省寧羌縣北嶓冢山，至湖北省漢口與漢陽之間流入長江，是長江最長的支流，亦是漢中盆地的命脈。亦稱為「漢江」。

譯文

長江源出岷山，黃河源出崑崙山，濟水源出王屋山，潁水源出少室山，漢江源出嶓冢，分別流動奔馳，注入東海，所行經的地方不同，但歸宿卻是一樣。精通學問的人好像車軸，跟隨車轂而轉動，自己沒有動，卻與車輪一起到達千里之外，來回往復，轉動在無窮的地方。不通達學問的人，好像迷路的人，人家告訴他東西南北的方向，他好像聆聽清楚，但一轉頭就忘記了，因為他不知道辨別方向的重要訣竅。

賞析與點評

通識要求人們有獨立思考的能力，還要明白「所行則異，所歸則一」，殊途同歸的道理。假如「背而不得，不知凡要」，不明白科目的要點竅門，便不能深入了解其知識。

眾曲不容直，眾枉不容正，故人眾則食狼，狼眾則食人。欲為邪者必相明正[1]，欲為曲者必相達直。公道不立，私欲得容者，自古及今，未嘗聞也。

注釋

1 必相明正：互相宣稱對方是正直的人，其實沒有事實證明，也沒有標準。

譯文

眾多的事情已經被扭曲了，正直的道理就不被容納；眾人都徇私枉法了，正直的人就不被容納。故此人多勢眾便可以殺狼而食，如果狼的數目眾多，則反過來殺人而食。想做邪惡事情的人，必會互相吹噓對方是正人君子；想做歪曲事情的人，必會互相維護正直，相互包庇錯誤。社會大眾的公道不能確立，私慾卻可以防範，由古至今還沒有聽聞過這種情況。

賞析與點評

群體的力量非常巨大，當群情洶湧，便可能無法作出是非善惡的判斷。有時候群眾是盲目的，甚至會變成狼群。因此人們必須小心判別善惡，做好教育工作，使民眾有理性的思維，不會聽從妖言邪説，從而避免社會不寧。

狂者東走，逐者亦東走，東走則同，所以東走則異[1]。溺者入水，拯之者亦入水，入水則同，所以入水者則異。故聖人同死生，愚人亦同死生。聖人之同死生通於分理，愚人之同死生不知利害所在。

注釋

1 異：差異。這裏的差異不是指表面的差異，而是指性質和內心的不同。

譯文

癲狂的人往東走，追逐的人同樣向東狂奔，向東走是相同的，但向東走的原因則有差異。有人墮入水中遇溺，拯救他的人亦跳入水裏，入水的狀態是相同的，但入水的原因則有差異。故此聖人把生死看為一樣，愚拙的人亦把生死看為一樣。聖人把生死看為一樣，但卻通達生死分定的道理；愚拙的人把生死看為一樣，卻不知道人生真正的利益意義和傷害性命的原因。

走不以手，縛手走不能疾；飛不以尾，屈尾飛不能遠。物之用者必待不用者。故使之見者，乃不見者也；使鼓鳴者，乃不鳴者也。

譯文

跑步時不直接用手，但縛着雙手跑步卻跑不快；飛翔時不直接用尾巴，但是彎曲尾巴卻飛不遠。物件的功用，必要配合沒有直接功用的其他部分，才能加以發揮。故此令事物能夠顯現，便是事物不顯著的地方；令鼓鳴動發聲的卻本是不發聲的鼓槌。

賞析與點評

從這段可見古人早已知道跑步要用手輔助，才可以加速；雀鳥飛行要配合尾巴才能飛得遙遠，故謂「飛不以尾，屈尾，飛不能遠」。

先倮而浴則可，以浴而倮則不可；先祭而後饗則可，先饗而後祭則不可。物之先後，各有所宜也。

譯文

先脱衣服裸露再沐浴是可以的，先沐浴然後再脱衣服便不是實際可行的；先祭祀然後享用食物是可以的，先享用食物然後祭祀是不合理不可行的。事物總有先後次序，各自有適宜安排的方式。

賞析與點評

「物之先後，各有所宜也」，此句類同於《大學》：「物有本末，事有終始，知所先後，則近道矣」。

卷十七　説林

本卷導讀——

本卷〈説林〉與上篇〈説山〉相似，可説是姊妹篇，其説故事及箴言的形式相同，山和林木互相輝映，可見作者及編者的心思。

無古無今，無始無終，未有天地而生天地，至深微廣大矣。足以蹍者淺矣[1]，然待所不蹍而後行；智所知者褊矣，然待所不知而後明[2]。

注釋　1 蹍（粵：展；普：niǎn）：踐踏。2 明：通透明白，深入明悟，不是普通的明白。

譯文　沒有古代沒有今天，沒有開始沒有終結，天地未分時便生出天地，這是極深奧而廣濶博大的道。用腳步行，被踐踏的地方是很淺窄的，但是必須有未被踐踏的地方，才可以讓人繼續行走；有智慧的人所知道的仍然有偏倚側重，必須靠不斷認識新事物，才可以豁然明白通透。

短綆不可以汲深，器小不可以盛大，非其任也。

注釋　1 綆（粵：梗；普：gěng）：汲水用的繩子。

譯文　繩子太短不可以用於深水的井，器具細小不可以用來盛載大的物品，因為它們不能勝任。

水靜則平，平則清，清則見物之形，弗能匿也[1]，故可以為正。川竭而谷虛，丘夷而淵塞，唇竭而齒寒。

注釋　1 匿：隱藏而至消失。

譯文　水流安靜就會平穩，平穩後就會清澈，清澈便能反映出物件的形象，事物的形狀不能夠匿藏，故此可以調正清晰。河川枯竭了，溪谷便空虛無水；山丘被夷平，深淵也會被填塞；嘴唇翻起來，牙齒就會感到寒冷。

賞析與點評

常言「心水清」，清靜才可以看得透徹，心平氣靜才生智慧，可見安靜的重要性。

蹠越者[1]，或以舟，或以車，雖異路，所極一也。佳人不同體，美人不同面，而皆說於目；梨橘棗栗不同味，而皆調於口。

注釋 1 蹠：到達。越：南方的越國。

譯文 要到達越國，有人坐船，有人坐車，雖然路線不同，但所到達的地方是一致的。佳人體態不同，美人面貌各異，但都能夠令人喜歡。梨、橘、棗、栗等雖然有不同的味道，但是人們都喜歡吃。

賞析與點評

在多姿多采、繽紛的世界裏，人們可以各展所長，即使各人的生命道路並不一樣，但「所極一也」，都可以在人生留下精彩的見片段。

人有盜而富者，富者未必盜；有廉而貧者，貧者未必廉。

譯文 有人因為做盜賊而致富，富有的人未必都是盜賊；有人因為廉潔而貧窮，貧窮的人未必都是廉潔。

海內其所出，故能大；輪復其所過，故能遠。

譯文　大海能容納百川，所以海洋能夠龐大；小小的車輪能不停地轉動，故此能夠走得很遠。

以小見大，以近喻遠。十頃之陂可以灌四十頃[1]，而一頃之陂可以灌四頃[2]，大小之衰然[3]。明月之光可以遠望，而不可以細書；甚霧之朝可以細書，而不可以遠望尋常之外。

注釋　1 陂：水庫，湖泊。2 可以：王念孫認為當作「不可以」。3 衰（粵：崔；普：cuī）然：必然，由強轉弱的必然情況。

譯文　在小事上體會大事，用附近的情況能夠知道遠方的事情。十頃的水庫可以灌溉四十頃的田地，而一頃的水庫不足夠灌溉四頃的田地，大小的比例未能證明是必然的。明月的光可以照明望遠，但不可以靠月光寫細字；濃霧的早上仍舊可以寫細字，但是不可以望見遠處平常的物件。

日月欲明而浮雲蓋之，蘭芝欲修而秋風敗之[1]。虎有子，不能搏攫者[2]，輒殺之[3]，為墮武也[4]。龜紐之璽[5]，賢者以為佩；土壤布在田，能者以為富。予拯溺者金玉，不若尋常之纏索[6]。視書，上有酒者，下必有肉；上有年者，下必有月。以類而取之。

注釋

1 蘭芝：兩種香的花草，比喻為有德才品格的君子。2 攫（粵：霍；普：jué）：用爪子抓，抓取。3 輒（粵：接；普：zhé）：馬上，立刻。4 墮：落後。5 龜紐：龜形紐，紐指印上可提握的部分。龜象徵吉祥之意。6 纏：繩。

譯文

太陽月亮都想放光明，但卻被浮雲遮蓋着；好像蘭花芝草的君子想修養身心，卻被邪亂的秋風吹折敗壞。老虎有兒子，如不能搏擊攫食，大虎便會馬上殺死牠，這是為了消除沒有武力的後代。龜形紐把的玉璽，賢人用它作佩物；土壤分佈在田裏，有能力耕種的人以此變得富有。給予拯溺者黃金美玉，不如給他一條普通的繩索。看到書本內容，前面有「酒」字，後面必有「肉」字；前面有「年」字，後面必有「月」字。這都是以同類而推知的。

欲觀九州之土，足無千里之行；心無政教之原，而欲為萬民之上，則難。的的者獲[1]，提提者射[2]，故大白若辱，大德若不足。未嘗稼穡粟滿倉，未嘗桑蠶絲滿囊[3]，得之不以道，用之必橫[4]。

注釋

1 的的（粵：的；普：dì）：光明。指獵物在光明的地方被人看見，無法躲藏。2 提提：飛鳥走獸安祥地不活動。3 囊：袋。4 橫：驕橫放縱。

譯文

想觀察九州的領土和民風，卻不用腳走遍千里的旅程；內心沒有政治教化的原則，卻想成為萬民之上的統治者，這是非常困難的。暴露的獵物容易被人捕獲，安逸的鳥獸很容易被人射擊，最清白的人似受污辱，最高道德的人看似不足。沒有耕種卻粟糧滿倉，沒有種桑養蠶卻絲綢滿袋；不從正道而有所得益，使用時必會放恣揮霍。

賞析與點評

為何「大德若不足」？第一是因為謙虛，最高道德的人的道德不能量度，他們謙虛不自誇，因此好像「不足」；第二是低調，他們和光同塵，不想與眾不同；第三是他們避免受到妒忌和攻擊；第四是不能自我執着。「若」只是似而已，並不是真實的情況。

聖人處於陰[1]，眾人處於陽；聖人行於水[2]，眾人行於霜。異音者不可聽以一律，異形者不可合於一體。農夫勞而君子養焉，愚者言而智者擇焉[3]。捨茂林而集於枯，不弋鵠而弋烏，難與有圖。寅丘無壑，泉原不溥，尋常之壑，灌千頃之澤。見之明白，處之如玉石；見之暗晦，必留其謀。

注釋

1 陰：較隱蔽的地方。聖人不與眾人爭名利，因此安處在不明顯的位置。2 水：比喻柔和。聖人行於水的意思是不強行，不硬撞硬闖。3 愚者言：愚蠢的人自以為是，不停發表很多意見，其中錯誤百出。

譯文

聖人安頓在隱蔽的地方，眾人顯露在人人可見的地方；聖人行走於水上，眾人行走危險的霜雪上。不同口音的人不能欣賞相同的音律，不同形態的事物不可以歸類於相同的品種。農夫勞動，而君子受到供養，愚蠢的人不停發表意見，有智慧的人從中選擇有用的話。捨棄茂密的樹林而棲息在枯樹下，不射鴻鵠大鳥而射烏鴉，這種人難以與他商議大事。深山沒有溝壑，是因為山裏沒有泉水所致；平常的溝壑有不盡的水源，是可灌溉千頃大澤。看得見而明白的事物，好像玉石般透徹；看不清而暗晦的事物，必會留下很多疑問。

水雖平，必有波；衡雖正，必有差；尺寸雖齊，必有詭[1]。非規矩不能定方圓，非準繩不能正曲直。用規矩準繩者，亦有規矩準繩焉。舟覆乃見善游，馬奔乃見良御[2]。嚼而無味者弗能內於喉，視而無形者不能思於心。

注釋

1 詭：特殊的情況，違背正規標準的情形。2 御：通「馭」，控制駕馭馬匹的能力。

譯文

水面雖然平靜，必定仍然有波紋；衡量的工具雖然公正，必定仍然有誤差；尺寸雖然量度齊整，必定仍然有欠缺的地方。沒有規矩不能評定方圓的尺度，沒有準繩不能評定彎曲和平直。採用規矩準繩的人，亦會有規矩準繩的法則。船翻了才能顯出游泳的能力，馬奔跑才能看到優良的騎師。咀嚼着沒有味道的東西，難以下咽；看不到形象的事物，不能在心中留下記憶。

賞析與點評

所謂「非規矩不能定方圓」，法治的精神講求客觀，以法則作為事情的標準。可是「用規矩準繩者，亦有規矩準繩焉」，法律制度亦有其限制，因此不應忽略道德對人的自我制約，應平衡地應用感性與理性。

弓先調而後求勁，馬先馴而後求良，人先信而後求能。

譯文

弓弩先要調較，然後發揮勁力，馬匹先要馴服，然後發揮優良的作用，人先要樹立誠信，然後發揮做事的才能。

賞析與點評

「人先信而後求能」，信為道之根，當人的誠信破壞了，便會切斷道德的根基，這人當然不是個好人才，就算有天才有才能，也沒有人會信任他重用他。

卷十八　人間

本卷導讀——

本卷的內容主要是論禍福，文中認為：「禍之來也，人自生之；福之來也，人自成之。」禍福的根源，都是自己本性、行為的回饋。人間的禍福，並不一定是最終的結果，禍福往往並行而至。取利捨害是人之常情，趨吉避凶是人性所向，如要避禍，不可貪圖名利使慾望膨脹，應修養心身，寧靜觀遠，注重自己的善德行為，多行義舉，廣結善緣，遇危難請朋友幫忙，這才是避禍的根本。

本卷運用了很多事實，說明利害禍福的關係。人間事物都是白駒過隙，不易看清看透，切勿過分戀棧，這種態度不是消極地逃避，反而是積極地面對，當人不受誘惑，沒有貪念，便不會掠奪社會或他人的資源；人們應盡力以自己微薄的力量貢獻社群，盡人性而抱道養和，這樣才能自在地活於每一個角落。

清淨恬愉，人之性也；儀表規矩[1]，事之制也。知人之性，其自養不勃[2]，知事之制，其舉錯不惑。發一端，散無竟，周八極，總一筦[3]，謂之心。見本而知末，觀指而睹歸，執一而應萬，握要而治詳，謂之術。居智所為[4]，行智所之，事智所秉[5]，動智所由，謂之道。道者，置之前而不輊[6]，錯之後而不軒[7]，內之尋常而不塞，布之天下而不窕[8]。

注釋

1 儀表規矩：規範事物的準繩標準。2 勃：通「悖」，擾亂。3 筦（粵：管；普：guǎn）：通「管」，關鍵。4 智：此處用作「知」道較為恰當。5 秉：依據的標準。6 輊（粵：至；普：zhì）：馬車後方較低的部分。7 軒：馬車前方較高的部分。8 窕：空隙。

譯文

清心淨慮，恬息愉悅，是人的本性；儀表規矩，是事物的制度。知道人的本性，自身的修養就不會擾亂；知道事物的制度，人的舉措便不會疑惑。從「一」開始發生，遍散無盡的八方，歸回關鍵之處，稱為心。見到本原便知道微末之處，觀察到指向便看到歸宿，執持「一」的道理就能應付萬事，掌握到要領便能夠治理繁雜的事物，稱為術。閒居知道該做什麼，行走時知道到哪兒去，做事時知道憑藉依據，活動時知道因果來由，這稱為道。所謂道，放在前面它不會低下，放在後面它不會過高，放在狹窄的地方不覺擠塞，廣佈於天下卻沒有空隙。

賞析與點評

人間不能無道，所有正確的行為都源自大道。人們如要幸福快樂，不能須臾離道。

是故使人高賢稱譽己者，心之力也；使人卑下誹謗己者，心之罪也。夫言出於口者不可止於人；行發於邇者不可禁於遠[1]。事者，難成而易敗也；名者，難立而易廢也。千里之堤，以螻螘之穴漏[2]；百尋之屋，以突隙之煙焚[3]。

注釋

1 邇（粵：耳；普：ěr）：接近，這裏指自己身上。2 螻螘（粵：樓蟻；普：lóu yǐ）：螻蛄與螞蟻。螘，同「蟻」。3 突：煙囱，凸出於房舍的屋頂上。隙：縫隙，這裏比喻輕微的錯失。

譯文

故此使他人推崇稱讚自己，是內心的能力；使他人蔑視誹謗自己，是內心的罪過。言語從自己的口而出，他人不能阻止；行為發生在自己身上，遠處的人難以阻止。事情難以成功，卻很容易失敗；名聲很難樹立，卻很容易被毀滅。千里的長堤，因為螻蟻的洞穴而漏水潰坍；百丈的高樓，因為煙囪的縫隙走火而被焚毀。

賞析與點評

「事者，難成而易敗也」，許多事情都不易成功，這是正常的情況；名譽雖然難以建立，卻容易被小錯誤所敗壞。然而聖賢卻迎難而上，做事堅持到底，最後事成，這就是「難行能行是真行」。

夫禍之來也，人自生之；福之來也，人自成之。禍與福同門[1]，利與害為鄰，非神聖人，莫之能分。凡人之舉事，莫不先以其知規慮揣度，而後敢以定謀。其或利或害，此愚智之所以異也。曉自然以為智，知存亡之樞機[2]，禍福之門戶，舉而用之，陷溺於難者，不可勝計也。使知所為是者，事必可行，則天下無不達之途矣。是故知慮者，禍福之門戶也；動靜者，利害之樞機也。百事之變化，國家之治亂，待而後成。是故不溺於難者成，是故不可不慎也。

注釋

1 禍與福同門：災禍和幸運同出一門。這是中國傳統思想之一，好像遠近、時間長短、陰陽等都是互相關連的。2 樞機：事情的關鍵部分。

譯文

災禍的到來，是人自己製造產生的；幸福的到來，是人自己促成的。禍與福其實同出一門，利益與傷害是近鄰，不是神仙聖人，很難把它們分辨開來。一般人做事，都是以自己所知的範圍來思慮和揣度，然後才敢於決定謀略的步驟，結果是利或者是害，這就是愚蠢和智者的差異。起初自以為有智慧的人，以為知道了存亡的關鍵、禍福的由來，便以自己的想法來行事，最後陷入困難的人，多不勝數。如果知道所做的全是對的，事情必定可行，那麼天下間便沒有不通的路了。故此智謀思慮，是禍福的根由；行動和靜待，是利害的關鍵。千百事情的變化，國家是治理好或是混亂，要等待人的行動才知道成果。所以不將自己陷於災難的人能夠成功，因此行動和思慮不可以不謹慎。

賞析與點評

人活動行事時，自然會引申出利害關係，現實社會陷阱處處，當既得利益者攻擊你時，便會產生禍患。故此我們做事應小心謹慎，以平靜的心境處理，則可避免災禍。

天下有三危：少德而多寵，一危也；才下而位高，二危也；身無大功而受厚祿，三危也。故物或損之而益，或益之而損。

譯文

天下有三種危機：，缺少德行而過多榮寵，這是其一；才能低下而位處高職，這是其二；自己沒有大功勞卻接受優良待遇，這是其三。故此事物的運作有時減損反而令事情增益，或者增益時反而會受到損害。

賞析與點評

沒有道德的人，一旦不再尊寵，便會被別人攻擊其弱點；沒有才能而位處高位的人，以及沒有功勞而受到良好待遇的人，最終會陷入危難之中。

夫戰勝攻取，地廣而名尊，此天下所願也，然而終於身死國亡，此所謂益之而損者也。

譯文

對於戰爭勝利，攻佔土地取得財物，增加土地，使名聲受到尊敬，這是天下所有人的願望；然而（晉厲公郤因貪圖這些利益）最終死去，且國家滅亡，這就是所謂想增加利益，反招損害的情況。

賞析與點評

很多人為了得到利益，沒想到會否傷害別人，還不停止繼續損害他人，最終他付出的代價必然更大。

周室衰，禮義廢，孔子以三代之道教導於世。其後繼嗣至今不絕者，有隱行也。秦王趙政兼吞天下而亡[1]，智伯侵地而滅，商鞅支解[2]，李斯車裂[3]。三代種德而王，齊桓繼絕而霸。故樹黍者不獲稷，樹怨者無報德。

注釋

1 趙政：即秦始皇嬴政。2 商鞅支解：商鞅替秦孝公推行新政，採用嚴刑苛法，以法家方式治國，最後自己也被苛法所牽連，受肢解而死。支，肢解，一種分解肢體的酷刑。3 李斯車裂：李斯成為秦國首相，繼續嚴苛的法治，但最後被趙高定罪，用車裂之刑處死，一說腰斬而死。

譯文

周朝王室衰弱，禮義廢馳，孔子用三代的道理德行教導大眾。他的後代至今不絕，這是因為孔子有隱行的功德。秦始王嬴政兼併侵吞全天下，最終覆亡；智伯侵略三家土地而終被消滅；商鞅設立了嚴苛刑責，最後自己被肢解而死；李斯陷害忠良，最終被車裂而死。夏、商、周三代聖王都是樹立德行而成帝王，齊桓公協助那些國家宗族承繼絕後，因而成為霸主。故種植黍米不會收獲稷，樹立怨恨的人，沒有人用恩德回報他。

賞析與點評

善有善報，是中國人很早便知道的生命道理。而「種瓜得瓜，種豆得豆」這因果循環其實也是科學的方程式，就好像「樹黍者不獲稷，樹怨者無報德」的道理。

由此觀之，義者，人之大本也，雖有戰勝存亡之功，不如行義之隆。故君子曰：

「美言可以市尊，美行可以加人。」

譯文　從這裏看來，「義」是人類最大的根本，即使有戰勝敵人、保存國家的功勞，也比不上實行「義」那麼重要。故此君子說：「美好的言語可以受到大眾的尊敬，美好的行為可以使人身價倍增。」

故仁者不以欲傷生，知者不以利害義。聖人之思修，愚人之思叕[1]。忠臣者務崇君之德，諂臣者務廣君之地[2]。

注釋　1 叕（粵：茁；普：zhuó）：短淺。2 廣君：替君王擴大國土，侵佔鄰國。表面上是好事，實際上是殺害他人，侵掠別國財物，小人從中取利。

譯文　故仁慈的人不會因慾望而傷害生命，有智慧的人不會因利益而損害公義。聖人思慮長遠，愚笨的人思慮短淺。忠貞的下屬盡力替君主維護崇高的道德，奸邪的下屬千方百計替君主擴充更多土地。

非其事者勿仞也[1]，非其名者勿就也[2]，無故有顯名者勿處也，無功而富貴者勿居也。夫就人之名者廢，仞人之事者敗，無功而大利者後將為害。

注釋 1 仞（粵：刃；普：rèn）：認允，承受。2 就：接受。這裏有佔小便宜的意思。

譯文 不是自己所做的事就不要認允承擔，不是自己該得的名聲就切勿接受。無緣無故而獲得顯赫名聲的人，切勿與他共處，沒有功勞而享受富貴，切勿將這種富貴據為己有。要求得到不應該的名譽，這種虛名很快便會消失，承擔他人所做的事，最終都會敗露，沒有功勞而得到很大的利益，最後將會受到傷害。

何謂毀人而反利之？唐子短陳駢子於齊威王[1]，威王欲殺之，陳駢子與其屬出亡奔薛。孟嘗君聞之[2]，使人以車迎之，至，而養以芻豢黍梁五味之膳[3]，日三至。冬日被裘罽[4]，夏日服絺紵[5]，出則乘牢車，駕良馬。孟嘗君問之曰：「夫子生於齊，長於齊，夫子亦何思於齊？」對曰：「臣思夫唐子者。」孟嘗君曰：「唐子者，非短子者耶？」曰：「是也。」孟嘗君曰：「子何為思之？」對曰：「臣之處於齊也，糲粢之飯[6]，藜藿之羹[7]，冬日則寒凍，夏日則暑傷。自唐子之短臣也，以身歸君，食芻豢，飯黍粱，服輕煖，乘牢良，臣故思之。」此謂毀人而反利之者也。是故毀譽之言，不可不審也。

注釋

1 唐子：齊國的大臣。短：作動詞用，詆譭別人，說別人的短處壞話。陳駢子：即田駢，戰國時學者，著有《田子》二十五篇。2 孟嘗君：戰國時齊國大臣，姓田名文，招攬食客數千人。3 芻豢：肉類食物。黍粱：較一般美好的糧食。4 罽（粵：繼；普：jì）：較好的毛氈。5 絺（粵：痴；普：chī）：精細的葛布。紵（粵：柱；普：zhù）：苎麻織成的上好布料。6 糲粢（粵：厲姿；普：lì zī）：粗米和粟米，泛指粗糙的飯食。7 藜藿（粵：黎霍；普：lí huò）：藜草和豆葉，泛指粗劣的食物。

譯文

為什麼詆譭別人反而有利於別人呢？唐子向齊威王說陳駢子的壞話，齊威王想殺陳駢。陳駢便和家屬出走，到了薛地。孟嘗君聽到消息，派人用車迎接他們。陳駢到達後，孟嘗君以肉食佳肴奉養他，每天有豐富佳肴三餐。冬天給他穿皮、毛衣，夏天給他穿精細的葛麻衣服。出入讓他乘坐堅固的車輛，騎良馬。孟嘗君問陳駢子：「先生在齊國出生，在齊國長大，先生有沒有思念齊國呢？」他回答說：「下臣思念唐子。」孟嘗君說：「唐子這個人，不是講你壞話的人嗎？」他說：「是啊。」孟嘗君說：「你為什麼會思念他呢？」他對答說：「下臣在齊國住的時候，都是食粗糙的米飯，喝野菜湯，冬天抵受寒冷，夏天則暑熱生病。自從唐子說我的壞話，令我投身歸附您門下，吃的是肉食、細糧，穿的是輕暖衣裳，乘坐的是堅固的車和良馬，下臣因而思念他。」這便是詆譭別人，反而對他有利了。所以詆譭別人名譽的話，不可以不小心審視。

賞析與點評

道家思想向來對毀譽不介懷，就像《道德經・第十三章》所說：「寵辱若驚，貴大患若身。」如果人太着意自己的名聲，聽到傳言便覺得不甘心，這樣散播謠言的人便會因看見你發怒而感到非常興奮了。

故聖人雖有其志，不遇其世，僅足以容身，何功名之可致也！知天之所為，知人之所行，則有以任於世矣[1]。知天而不知人，則無以與俗交；知人而不知天，則無以與道遊。

注釋 1任：運行。

譯文 故此聖人雖然有崇高偉大的志向，但如果生不逢時，他只能夠設法保全身心，哪說得上成就功名！知道天地運作的道理，知道人的行為，就有方法運用自己的才能行於世上。只知道天而不了解人，便不能與世人交往；只知道人而不了解天的道理，便無法與天道同遊了。

賞析與點評

所謂「不遇其世，僅足以容身」，有志向及才華的人都要配合時機，才有機會獲得功名利祿。

得道之士，外化而內不化。外化，所以入人也，內不化，所以全其身也。故內有一定之操，而外能詘伸、贏縮、卷舒[1]，與物推移，故萬舉而不陷。所以貴聖人者，以其能龍變也。今捲捲然守一節[2]，推一行，雖以毀碎滅沉[3]，猶且弗易者，此察於小好，而塞於大道也。

注釋

1詘（粵：屈；普：qū）：屈曲。2捲捲（粵：拳；普：quán）然：用力的模樣，好像在收斂。3以：已經。

譯文

得道的人，外表可以變化而內心不變化。外表變化，為的是進入人間，內心不變是為了保存身心。故人內心有固定不變的操守，而在外能屈能伸、能長能縮、能開能合，與事物共同推演移動，那麼任何舉動都不會失足。人們所以珍重聖人，是因為聖人能夠像龍那樣變化。現今的人好像努力於細微末節之處，推行小善，雖然自身已經毀滅消失，但仍然不改變，他們只看到細小的好處，而對大道一竅不通。

何謂不然而若然者？昔越王勾踐卑下吳王夫差[1]，請身為臣，妻為妾，奉四時之祭祀，而入春秋之貢職[2]，委社稷，效民力，隱居為蔽，而戰為鋒行。禮甚卑，辭其服，其離叛之心遠矣。然而甲卒三千人以擒夫差於姑胥[3]。

注釋

1卑下：卑躬屈膝。2貢職：貢物。一說是包括獻貢的低下職責。3姑胥：姑蘇山，在現今的蘇州虎丘。

譯文

什麼是好像不是真實卻又是真實呢？從前越王勾踐向吳王夫差卑躬屈膝，請求讓他自己成為夫差的下臣，自己的妻子成為夫差的妾侍，又恭奉四季的祭祀用品，承擔春秋兩季的貢物和職責，把國家權力交出，讓人民為吳國效力；自己則隱蔽地居住，若有戰事則做吳軍的先鋒。他對吳王禮儀最為謙恭卑下，言辭溫和馴服，看不出他有叛亂離異的心。然而，勾踐最終帶領三千甲冑精兵，在姑蘇山擒拿了夫差，消滅吳國。

賞析與點評

「越王勾踐卑下吳王夫差，請身為臣」，表面上越王不可能再反叛，但是「不然而若然」，不可能卻變成事實，人世間千變萬化，其實通過細心行事，順着環境和人物的協調，隨時可將夢想化成事實。把道理併合，取用有利條件，待時機成熟，大志可成為鴻圖偉業。

夫事之所以難知者，以其竄端匿迹[1]。立私於公，倚邪於正，而以勝惑人之心者也[2]。若使人之所懷於內者，與所見於外者，若合符節，則天下無亡國敗家矣。

夫狐之捕雉也，必先卑體彌耳[3]，以待其來也。雉見而信之，故可得而擒也。使狐瞋目植睹[4]，見必殺之勢，雉亦知驚憚遠飛，以避其怒矣。夫人偽之相欺也，非直禽獸之詐計也，物類相似若然，而不可從外論者，眾而難識矣。是故不可不察也。

注釋

1 竄（粵：寸；普：cuàn）：四處奔逃隱藏。2 勝：可能是「務」或「瞀」，混亂，愚昧無知。3 彌：收縮。4 睹：或作「者」，通解為「鬐」，狐狸發怒時，背上的毛直豎起來。

譯文

事情之所以很難知道清楚，是因為事物的過程和要點被藏匿着。有人假公濟私，將邪惡混在正義當中，用假裝而混亂的外表迷惑人心。若果人的內心所想的與外表所行的，像符節般可互相併合，那麼天下便沒有國亡家破的情況了。狐狸捕捉野雉，必定先收縮身體，收起耳朵，等待獵物走近。野雉見到純良的狐狸便相信牠，因而被牠擒獲。假如狐狸瞪眼怒目，背毛直豎，露出殺敵的強勢，野雉便會及早知道，驚慌地飛到遠處，以避開發怒的狐狸。人的虛偽互相欺騙，不只像禽獸那樣直率的狡詐，事物之間有類似的地方，但不可只從外表而判別，這種情況太多難以識別的地方。因此不可以不細心考察。

賞析與點評

「夫事之所以難知者，以其竄端匿跡」，許多事情的真相和細節都難以知曉，因為有人刻意隱瞞欺騙大眾，有人為利益而遮蓋歷史，林林總總不同的原因，交織成這個人間世界。因此人們必須仔細考察辨識，「不可從外論者，眾而難識矣」。

卷十九　脩務

本卷導讀——

脩，通「修」，高誘注為「勉」，而「務」則注為「趨」，有趨向的意思。本卷指聖人對外有博施濟眾的趨向，對內則自我修養。本卷認為聖人君子的「無為」不是「寂然無聲，漠然不動，引之不來，推之不往」的，他們的自我修養達到較高的水平，因此有機緣任高職，並且「必用仁義之道以濟萬民」。他們為國為民，佈施德政，具有「私志不得入公道，嗜欲不得枉正術」的高尚水平。即使不為在上位者所用，他們仍然可以運用智慧時機，濟民利世，勉勵後學，留下經驗和智慧。聖人又會自勉繼續鍛鍊，無論在任何環境，他們都會務本，不會動搖行道的意志。作者從這種思想出發，指出了修養自身和終身學習的重要性。由此可見，自古至今都不可放棄學習與修養自身。

或曰：「無為者，寂然無聲，漠然不動，引之不來，推之不往。如此者，乃得道之像。」吾以為不然。嘗試問之矣：「若夫神農、堯、舜、禹、湯，可謂聖人乎？」有論者必不能廢。以五聖觀之，則莫得無為，明矣。古者，民茹草飲水[1]，采樹木之實，食蠃蛖之肉[2]。時多疾病毒傷之害。於是神農乃始教民播種五穀，相土地宜，燥濕肥墝高下[3]，嘗百草之滋味，水泉之甘苦，令民知所辟就。當此之時，一日而遇七十毒。堯立孝慈仁愛，使民如子弟。西教沃民[4]，東至黑齒[5]，北撫幽都[6]，南道交趾[7]。放讙兜於崇山[8]，竄三苗於三危[9]，流共工於幽州，殛鯀於羽山[10]。舜作室，築牆茨屋[11]，辟地樹穀，令民皆知去巖穴，各有家室。南征三苗，道死蒼梧。禹沐浴霪雨，櫛扶風，決江疏河，鑿龍門[12]，辟伊闕[13]，脩彭蠡之防[14]，乘四載，隨山栞木[15]，平治水土，定千八百國[16]。湯夙興夜寐，以致聰明，輕賦薄斂，以寬民氓，布德施惠，以振困窮；弔死問疾，以養孤孀。百姓親附，政令流行，乃整兵鳴條，困夏南巢，譙以其過，放之歷山。

注釋

1 茹：食。2 蠃蛖（粵：羅蚌；普：luó bàng）：螺蚌貝殼類。蠃，同「螺」。蛖，同「蚌」。3 墝（粵：敲；普：qiāo）：瘠貧而堅硬的土地。4 沃民：傳說中在西方的一個國家。5 黑齒：傳說中在東方的一個國家，當地人的牙齒都是黑色的。6 撫：佔據，擁有。幽都：雁門以北一帶。7 交趾：廣東、廣西、海南島和越南一帶。8 讙兜：堯帝時期的奸臣，或作「驩兜」。崇山：高山，另解為南方極地的山區。9 三苗：部族名稱，為現時苗族的祖先。原始根據地是荊州及江淮附近，後來因為叛亂，遷徙往三危。三危：山名，在陝西省一帶。10 殛（粵：激；普：jí）：懲罰。羽山：東面極遠的山區。11 茨（粵：詞；普：cí）：用茅草或葦草鋪蓋屋頂。12 龍門：龍門山，在現今山西省河津西北，橫跨至陝西省韓城東北部，相傳大禹鑿開大山，令黃河水流疏通。13 伊闕：地名，在今河南省洛陽市西南附近。14 彭蠡（粵：禮；普：lǐ）：亦稱彭澤，即江西省鄱陽湖。15 栞（粵：刊；普：kān）：同「刊」，削除，本指行山時在樹幹上削木留下路標記號，這裏指開闢道路。16 國：古代原始部落，不等於現代的國家觀念。

譯文

有人說：「無為，是寂靜無聲的狀態，靜靜地不動，拉它也動不來，推它也不向前走。像這情況，便是明悟了道的原理。」我認為不是這樣。試問：「好像神農、堯、舜、禹、湯，可稱為聖人嗎？」明白道理的人都不能否認他們是聖人。觀察這五位聖人，他們都不是沒有做事的『無為』，這是十分明顯的。遠古的時代，民眾吃野草，喝河溪的水，採摘樹木的果實充飢，進食生水產貝殼類的肉，當時受到很多疾病和中毒食物的傷害。於是神農氏開始教導人民播種五穀，研究土地的乾燥潮濕、肥沃貧瘠、高低上下、堅硬疏鬆等因素而決定種植什麼農作物，品嘗各種植物的味道、河水和井泉的甘苦口味，使到人民懂得避開有毒害的物品。就在這個時期，神農氏一日中毒七十次。堯帝樹立孝慈仁愛的典範，對待人民好像子女兒弟般。他親自到西面的國家教育民眾，往東面的國家黑齒，往北方的領土幽都雁門一帶，往南方的交趾。他把奸臣歡兜流放到崇山，把三苗族群遷徙到西邊的三危，將共工流放到幽州，把鯀貶到羽山，直至死去。舜帝興建房屋，建築城牆，用茅草蘆葦覆蓋屋頂，開闢土地，種植穀物和樹木，使人民不再穴居野外，各自有家室。他往南方征伐三苗，在往蒼梧的道路上死了。大禹冒着不停的大雨，抵擋着狂風，疏導江河，鑿通龍門，開辟伊闕，修築彭蠡湖的防堤，他乘坐四種交通工具，研究和跟蹤山川、樹林、平原等的形勢，砍削樹木作記號，治理好水土的問題，安定了一千八百多個部落。商湯早起晚睡辛勤地工作，用盡自己的聰明智慧思慮國事；減輕賦稅，令人民過得寬裕；佈施恩德，賑濟窮困的人，憑弔死者，問候病人，供養孤兒寡婦。因此老百姓都親和依附他，政令順暢執行，於是湯王整頓兵馬，進攻鳴條，將夏桀圍困在南巢，公開譴責他的罪過，然後把他放逐到歷山。

賞析與點評

道是活潑行動的，即使是「無為」，也不是「寂然無聲，漠然不動，引之不來，推之不往」，「無為」只是不胡亂行動而已。聖人無為治天下，會導民向善，並且教民生養。

此五聖者，天下之盛主，勞形盡慮，為民興利除害而不懈。奉一爵酒不知於色[1]，挈一石之尊則白汗交流[2]，又況贏天下之憂[3]，而海內事者乎？其重於尊亦遠也！且夫聖人者，不恥身之賤，而愧道之不行，不憂命之短，而憂百姓之窮。是故禹之為水，以身解於陽盱之河[4]。湯旱，以身禱於桑山之林。聖人憂民，如此其明也，而稱以「無為」，豈不悖哉！

注釋

1 爵：古代的酒杯，形狀如雀鳥。2 挈（粵：揭；普：qiè）：舉起物件，提高。尊：「樽」的古字，古代較大的酒器，酒桶。3 贏：承擔。4 陽盱（粵：虛；普：xū）之河：原注說：「蓋在秦地。」

譯文

這五位聖王，都是為天下創造盛世的君主，他們勞動自己的形軀，用盡思慮，為人民興利除害，從不鬆懈。一般人捧起酒杯，臉上不會流露出吃力的面色，舉起一石重的酒樽，便會大汗交流，又何況承擔着天下間的憂慮，負責四海之內的事務呢？這擔子當然比酒樽重得多！而且作為聖人，不以自身低賤為羞恥，只會為了大道不能實行而慚愧，不會憂慮自己生命短促，只會擔憂老百姓窮苦。故此夏禹治水，用自己的身體作抵押，在陽盱河邊向上天禱求消除水禍。商湯苦於大旱，他以自己的身子在桑山之林懇求上天降雨救旱。聖人憂慮人民，是如此明顯，如果說他們「無為」不做事，豈不荒謬嗎？

賞析與點評

大道一體，聖人既已得道，即與蒼生一體，故此他們憂國憂民。

且古之立帝王者，非以奉養其欲也；聖人踐位者[1]，非以逸樂其身也。為天下強掩弱，眾暴寡，詐欺愚，勇侵怯，懷知而不以相教，積財而不以相分，故立天子以齊一之。為一人聰明而不足以遍照海內，故立三公九卿以輔翼之。絕國殊俗、

僻遠幽閒之處[2]，不能被德承澤，故立諸侯以教誨之。是以地無不任，時無不應，官無隱事，國無遺利。所以衣寒食飢，養老弱而息勞倦也。

注釋

1 踐：繼承而即位。2 絕：極遠的邊緣地區。

譯文

古代所設立的帝王，不是為了侍奉供養他們滿足你們的慾求；聖人能夠登上君位，不是為了自身的閒逸玩樂。因為天下強者欺壓弱者，人多勢眾殘害少數的人，詭詐的欺騙愚笨的，勇猛的侵淩怯懦的，有智慧的卻不教授別人，積聚財富卻不分配給別人，故此擁立天子來使這些情況變得均衡平等。因為天子一個人的聰明智慧不足以普遍地照顧到國內每一處，所以設立三公、九卿來輔助天子。邊緣地帶、偏僻少人的地方，不能受到天子的恩澤，故此設立諸侯來教誨當地的人民。因此沒有地方得不到任命的官員，任何時間都可以響應德政，官員沒有隱瞞事件，國家沒有損失利益。所以國家在寒冷時給予百姓衣服，飢餓時給予百姓食物，奉養年老和弱勢社群，使他們得以休息，免除勞苦疲倦。

是以聖人不高山，不廣河，蒙恥辱以干世主，非以貪祿慕位[1]，欲事起天下利而除萬民之害。蓋聞傳書曰：「神農憔悴，堯瘦臞，舜黴黑[2]，禹胼胝[3]。」由此觀之，則聖人之憂勞百姓甚矣！故自天子以下，至於庶人，四胑不動[4]，思慮不用，事治求澹者，未之聞也。

注釋

1 慕：思念，貪圖。2 黴（粵：眉；普：méi）：面部黝黑的顏色。3 胼胝（粵：駢支；普：pián zhī）：手掌或腳底因長期磨擦而長出的硬皮，即「老繭」。4 胑（粵：枝；普：zhī）：通「肢」。

譯文

所以聖人不怕高山，不畏廣闊的河川，甘願蒙受恥辱來求當世君王任用，聖人並非貪慕功名祿位，他們只想為天下做有利的事情，並且為萬民除害。曾經聽傳書上說：「神農氏臉色憔悴，堯帝瘦弱，舜帝膚色暗黑，夏禹手腳都生厚繭。」由此看來，便可知道聖人憂心老百姓得很厲害了！故此由天子到平民，想不動四肢，不費神思考，做事只求拉扯，從來沒有聽聞過。

禾稼春生，人必加功焉，故五穀得遂長。聽其自流，待其自生，則鯀、禹之功不立，而后稷之智不用。若吾所謂「無為」者，私志不得入公道，嗜欲不得枉正術，

循理而舉事，因資而立，權自然之勢，而曲故不得容者，事成而身弗伐，功立而名弗有。

譯文　禾苗莊稼能在春天生長，人們必定有耕作之功，故此五穀才得以長大成熟。如果任由江河氾濫，等待植物自生自滅，那麼鯀、大禹治水之功就沒有成功了，而后稷的智慧就無法發揮了。好像我所說的「無為」，是指個人自私的想法不能摻雜到普遍的真理上，嗜慾不能擾亂正常的規矩，人們要循着道理做事，因應資質而建功立業，權衡自然變化的勢態，錯誤歪曲的情況不可存在，事業成功後自己不會誇耀，功勞樹立了，不會把名聲據為己有。

聖人之從事也，殊體而合于理，其所由異路而同歸，其存危定傾若一，志不忘於欲利人也。

譯文　聖人做事，會用不同的方法，但始終符合道理，他們走的路不同，但都會走到同樣的終點，無論是存在或危殆，安定或傾倒，聖人的做事態度都一如既往，心中不會忘記要利濟人民。

文侯曰：「段干木不趍勢利[1]，懷君子之道，隱處窮巷，聲施千里，寡人敢勿軾乎！段干木光於德[2]，寡人光於勢；段干木富於義，寡人富於財。勢不若德尊，財不若義高。干木雖以己易寡人不為，吾日悠悠慙于影[3]，子何以輕之哉！」其後秦將起兵伐魏，司馬庾諫曰[4]：「段干木賢者，其君禮之，天下莫不知，諸侯莫不聞。舉兵伐之，無乃妨於義乎！」於是秦乃偃兵，輟不攻魏。

注釋

1 段干木：姓段干，名木，戰國時期人物，是子夏的學生，居住在魏國，隱居不做官。趍（粵：吹；普：qū）：同「趨」，奔向。2 光：顯耀，良好的名譽。3 慙（粵：慚；普：cán）：同「慚」。4 司馬庾（粵：雨；普：yǔ）：秦國的大夫，名庾。司馬是國防部的軍職名稱。

譯文

魏文侯說：「段干木不追求名利，心懷君子的道德，隱居在窮巷，但他的名聲傳播千里，我實在不敢不對他行伏軾之禮！段干木因為德行而得到榮耀，我因為君王的名位而得到榮耀；段干木富有正義，我富有錢財。勢位權力比不上道德那麼尊貴，錢財不及道義那麼高尚。讓段干木以道德交換我所擁有的權力錢財，他不會這樣做的。我每天望着自己的影子感到慚愧，你為什麼這樣輕視我啊！」往後秦國準備派兵攻打魏國，司馬庾勸諫説：「段干木是一位賢人，魏國的君主以禮待他，天下沒有人不知道，諸侯也無一不知，現在用兵攻打他們，恐怕會妨害禮義！」於是秦國便收兵，停止進攻魏國。

賞析與點評

本節指出「勢不若德尊，財不若義高」，認為權勢財富只是一時之間的優勢，道德仁義才可以永垂不朽。古人對於被別人批評為不義，是頭等的恥辱，因此不會輕率做壞事。

夫行與止也，其勢相反，而皆可以存國，此所謂異路而同歸者也。

譯文

走動和停止，兩者的形態相反，但都可以保存國家，這便稱為異路同歸了。

今夫救火者，汲水而趍之，或以甕瓴[1]，或以盆盂，其方員銳橢不同，盛水各異，其於滅火，鈞也[2]。故秦、楚、燕、魏之歌也，異轉而皆樂[3]；九夷八狄之哭也，殊聲而皆悲；一也。夫歌者，樂之徵也；哭者，悲之效也。憤於中則應於外，故在所以感。夫聖人之心，日夜不忘於欲利人，其澤之所及者，效亦大矣。

注釋

1 瓴（粵：零；普：líng）：古代盛水的瓶子。2 鈞：通「均」，均一，同樣。3 轉：又作「聲」。

譯文

現今救火的人，打水趕往火場，或用甕瓴，或用盆盂，器皿的形狀有方有圓，有尖有橢，各有不同，盛水的多寡也有不同，但為了滅火這目的卻是一致的。故此秦、楚、燕、魏等地的歌曲，雖都有不同的音調韻律，但都令人快樂；九夷八狄各族人的哭聲，有不同的語音，但同樣表達了悲哀之情；其中是有一致的關連。歌曲，是快樂的象徵表現；哭泣，是悲哀的反應。心中悲憤便會反映到外在，故此有所感通。聖人的心中日夜都不忘記利濟眾人，他們的恩澤能施予他人，其效用非常巨大。

且夫身正性善，發憤而成仁，帽憑而為義[1]，性命可說，不待學問而合於道者，堯、舜、文王也；沉湎耽荒，不可教以道，不可喻以德，嚴父弗能正，賢師不能化者，丹朱、商均也[2]。

注釋　1 帽憑：慷慨。2 丹朱：堯的兒子，荒淫而且傲慢。商均：舜的兒子，庸碌不能成才。

譯文　而且人天生正直善良，發憤要成全仁德，慷慨成就大義，天性人格令人喜歡，無須學習便可以合乎道德，堯、舜、文王就是這樣了。沉緬於酒色，放縱於逸樂，不能以道來教導，不可以德來勸喻，嚴厲的父親不能糾正他，賢良的老師也不能化育他，就是丹朱、商均這類人。

賞析與點評

不同的人有不同性格，有些人會自行發憤圖強，有些人甘願受教，也有些人不願接受教育。無論如何，老師的責任，就是不會忽略任何一個，不論是聰明的學生，還是頑劣的學生，都會用心教導。

昔者，蒼頡作書[1]，容成造曆[2]，胡曹為衣[3]，后稷耕稼，儀狄作酒[4]，奚仲為車[5]。此六人者，皆有神明之道，聖智之迹，故人作一事而遺後世，非能一人而獨兼有之。各悉其知[6]，貴其所欲達，遂為天下備。今使六子者易事，而明弗能見者何？萬物至眾，而知不足以奄之[7]。周室以後，無六子之賢，而皆脩其業；當世之人，無一人之才，而知其六賢之道者何？教順施續，而知能流通。由此觀之，學不可已，明矣！

注釋

1 蒼頡：相傳是黃帝史官，發明了漢字。書：書寫的文字。2 容成：原注作：「黃帝臣。造作曆，知日月星辰之行度。」3 胡曹：黃帝時臣，造衣裳。4 儀狄：禹時臣，發明釀酒術。5 奚仲：夏朝的車正。6 悉：盡力，釋出。7 奄：掩蓋，覆蓋。

譯文

從前，蒼頡發明文字，容成編訂曆法，胡曹製作衣裳，后稷耕種莊稼，儀狄釀製美酒，奚仲設計車輛。這六位賢人，都有神妙的道德，聖明聰慧的事跡，故此做一件好事就能夠傳留到後世，並非一個人獨自擁有。各人盡力發揮自己的智慧，非常珍惜自己想達到的目標，故此他們的發明能夠被天下人所使用。現在要六位古人換了彼此的事業去做，他們還能顯出聰明來嗎？因為萬物實在太多了，一個人的智慧不能夠包攬一切。周朝之後，沒有像這六位古人般的賢人，但是眾人都從事他們的行業；現在的世代，沒有一人具備這六位古人的才幹，但是人們都懂得六位古人的技藝，為什麼？教育順着世代接續相傳下去，使這六位古人的技藝智慧可以流傳開來。由此看來，學習是不可停止的，這是很明顯的！

君子有能精搖摩監[1]，砥礪其才，自試神明[2]，覽物之博，通物之壅，觀始卒之端，見無外之境，以逍遙仿佯於塵埃之外，超然獨立，卓然離世，此聖人之所以游心。若此而不能，閒居靜思，鼓琴讀書，追觀上古，及賢大夫，學問講辯，日以自娛，蘇援世事[3]，分白黑利害，籌策得失，以觀禍福，設儀立度，可以為法則，窮道本末，究事之情，立是廢非，明示後人，死有遺業，生有榮名。如此者，人才之所能逮。

注釋　1 精搖：精進，精心進取。摩監：反覆磨煉。2 試：或作「誠」。3 蘇援：探索，探討。

譯文　君子能夠精心進取地反覆磨煉心神意志，對自己的才能精益求精，使自己保持至誠的精神靈明，這樣便能博覽所有事物，解釋事物的疑難，觀測事物的始末，看到遙遠的外面環境，逍遙自在地遨遊於塵世之外，超然獨立，輕鬆地離開現實世界，這便是聖人游心的境界。一般人若果不能達到這個境界，可以自己閒居，靜靜地思索，彈琴和讀書，追慕古代的先王聖人；與賢人為伴，學習和辯論，每天在書中尋找樂趣，探討一下世事，分清楚黑白與利害，籌謀得失，用以觀察禍福的因由，設立禮儀制度，作為行事的法則，徹底探求大道的本末，查究事物的情況，確立「對」的事情，廢棄錯誤的，清楚告知後人，死後留下功業，生前有榮譽名望。這樣的修養目標，是一般人可以達到的。

賞析與點評

雖然不是人人能成為聖人，但是古人仍會閉關讀書，修養身心，醖釀三至五年，然後周遊全國，飽覽山川水秀、古今名勝，體察人情，以續聖賢的氣度大志。這樣有助培養獨立思考的能力，並且可真正的體會世情，是有效培育人才的方法。

然而莫能至焉者，偷慢懈惰，多不暇日之故。夫瘠地之民多有心力者，勞也；

沃地之民多不才者，饒也[1]。由此觀之，知人無務，不若愚而好學。自人君公卿至於庶人，不自彊而功成者，天下未之有也。

注釋

1 饒：有豐盛而富足的糧食。

譯文

但是這種要求也不能達到的人，是因為他們苟且躲懶，鬆懈怠惰，浪費光陰的緣故。貧瘠地方的人民多數用心且賣力，因為他們要勤勞地工作；肥沃地方的人民多數沒有才能，因為他們的生活豐盛饒富。由此看來，聰明人沒有學習，不如愚拙的人好學。從君主、公卿到百姓，不自強不息而能夠成功的人，天下之間沒有這樣的事。

聖人知時之難得，務可趣也，苦身勞形，焦心怖肝，不避煩難，不違危殆。蓋聞子發之戰[1]，進如激矢，合如雷電，解如風雨，員之中規，方之中矩，破敵陷陳，莫能壅御，澤戰必克，攻城必下。彼非輕身而樂死，務在於前，遺利於後，故名立而不墮。此身強而成功者也。是故田者不強，囷倉不盈；官御不厲[2]，心意不精；將相不強，功烈不成；侯王懈惰，後世無名。

注釋

1子發：楚威王的將軍。2官御：官府的御手。

譯文

聖人知道時機難得，事業是可以追求的，所以他們不怕身形苦勞，心中焦急憂慮，不逃避煩惱困難，不閃躲危險。聽聞子發將軍作戰時，前進好像一支離弦之箭，聚合如雷電，散開好像暴風雨般威猛，圓陣中規，方陣合矩，擊破敵軍的陣形，使人不能抵禦，水戰必勝，攻城必陷。他不是不愛惜身體而樂於求死，他只希望在生前建功立業，遺留功業給後人，故此名譽樹立了且不會廢棄。這就是自強不息而成功的例子。所以種田的人不強大，圓形的糧倉不滿盈；官員的管理不嚴厲，心意不能集中；將相如果不自強不息，功業就不能成就；侯王如果懈怠懶惰，他便不能在後世留下名聲。

夫事有易成者名小，難成者功大。君子脩美，雖未有利，福將在後至。故《詩》云：「日就月將，學有緝熙於光明[1]。」此之謂也。

注釋

1「日就月將」兩句：語出《詩經・周頌・敬之》。緝熙：漸漸積聚而變成廣大。

譯文

有些事情容易成功但所得的名氣很小，有些事情很難完成但功績卻很大。君子修養自己的真善美，雖然未必能馬上得利，但幸福將會在稍後到來。故《詩經》說：「日積月累，學習在漸漸積累中會進入光明的境界。」就是這個道理。

卷二十　泰族

本卷導讀——

「泰」有原始的意義，有泰一大道之意，亦有水流舒泰的自然意境，也有泰然自若的道體逍遙含意；族是聚合、聚集的意思。上一卷〈脩務〉言有功，惠澤蒼生，行不言的大道，學道有成。本卷則回顧泰古真人的妙道，「氣」生化萬物，萬物互相感應，君王以真誠的心去感化人民。篇中又提到棄巧智而育新民，天人合道的時機，故本卷是天人相通的總結。此外，本卷的內容道儒相融，結合了仁德與法制，不過作者認為法只是治國的方法，仁義才是治國的根本，反映出《淮南鴻烈》的政治思想。

天設日月，列星辰，調陰陽，張四時，日以暴之[1]，夜以息之，風以乾之，雨露以濡之[2]。其生物也，莫見其所養而物長；其殺物也，莫見其所喪而物亡。此之謂神明。聖人象之，故其起福也，不見其所由而福起；其除禍也，不見其所以而禍除。遠之則邇，延之則疏[3]；稽之弗得，察之不虛。

注釋

1 暴：曝曬。2 濡（粵：如；普：rú）：滋養潤澤。3 延：近。

譯文

天地設置日月，羅列星辰，調節着陰陽，張合着四季，日間太陽照耀大地，晚上讓物類休息，風吹乾萬物，雨露滋潤大地。天地生成萬物，看不見它在養育，但物類卻在長大；天地毀滅萬物，看不見它在摧毀，但物類卻在滅亡。這稱為神明。聖人模仿大自然，故此他為百姓謀幸福，看不見他做了什麼，而幸福便出現了；他消除禍患，看不見他做了什麼，而禍患就消除了。遠離大道反而靠近你，拉近大道又會疏遠你；稽查它卻找不到它，細察它卻又發現它不是空虛的。

賞析與點評

只要細察身邊的事物，就會發現大道系統化的程序變遷，如「調陰陽，張四時，日以暴之，夜以息之」，萬物都在適當的時機自然變化。

是以天心呿唫者也[1]，故一動其本而百枝皆應，若春雨之灌萬物也，渾然而流，沛然而施，無地而不澍[2]，無物而不生。故聖人者懷天心，聲然能動化天下者也。故精誠感於內，形氣動於天，則景星見[3]，黃龍下，祥鳳至，醴泉出[4]，嘉穀生，河不滿溢，海不溶波。故《詩》云：「懷柔百神，及河嶠嶽[5]。」

注釋

1 呿唫（粵：驅禁；普：qū jìn）：開合關閉，這裏指順着天意而引起天下感應。呿，開口。唫，閉口。2 澍（粵：樹；普：shù）：以水潤澤滋養。3 景星：祥瑞的星。4 醴（粵：禮；普：lǐ）泉：甘涼美味的泉水。5「懷柔百神」兩句：語出《詩經．周頌．時邁》，這首詩是歌頌周武王克商而得到諸侯擁戴。嶠（粵：橋；普：qiáo）嶽：高山，或指泰山。

譯文

這是順從天意而令天下有所感應，故此一牽動根本，百條分枝便會相應搖動，好像春天的雨水灌溉萬物，都是渾濁地流動，充沛地供應着，沒有地方得不到濕潤，沒有生物不生長。所以聖人順着天意，發出的聲音便能感化天下了。所以人的內心有精誠的感情，他的形氣便能感動天，便可看到祥瑞的景星，黃龍會降下，吉祥的鳳凰也會飛至，甘美的泉水湧出，優質的穀物生長，黃河不會滿瀉，海洋不會波濤洶湧。故《詩經》說：「用祭祀安撫山川百神，兼及黃河及高山。」

故凡可度者，小也；可數者，少也。至大，非度所能及也；至眾，非數之所能領也。故九州不可頃畝也[1]，八極不可道里也，太山不可丈尺也，江海不可斗斛也[2]。

注釋

1 九州：古代劃分天下為九個行政區域，稱為「九州」。「九州」的劃分有多種說法，如禹貢九州、爾雅九州、周禮九州等。現時較多採用周禮九州，即揚、荊、豫、青、兗、雍、幽、冀、并。2 斗斛（粵：酷；普：hú）：體積容量的單位，十升為一斗，十斗為一石。古代以十斗為一斛，後改為五斗為一斛。

譯文

故此凡是可以被量度的東西，都是細小的；凡是可以點數的東西，都是少的。最大的物體是不可能被量度的，最多的東西是不可能被點數量化的。所以九州不能用頃畝來計算，八方極遠處不能用道里來量度，泰山不能用丈尺來量度，江海的水不能用斗斛去度量計算。

故大人者，與天地合德，日月合明，鬼神合靈，與四時合信。故聖人懷天氣，抱天心，執中含和，不下廟堂而衍四海[1]，變習易俗，民化而遷善，若性諸己，能以神化也。

注釋

1 衍：延及，影響。

譯文

故此有道德的偉大人物，與天地的道德融合，與日月一樣光明，與鬼神一樣靈驗，與四季一樣準確信實。所以聖人懷着上天的和氣，抱着天地的仁心，執持着中庸，含養着融和的大道，不離開朝廷就能把恩澤延及四海，變更風俗，感化人民，使他們變得善良，卻好像變化是來自人民自己的天性般，這是因為聖人能夠用精神使人變化。

賞析與點評

大人是指最有德行的人，他們能夠依從宇宙的道理而做人行事，光明磊落，是人民的行為楷模。

民有好色之性，故有大婚之禮；有飲食之性，故有大饗之誼[1]；有喜樂之性，故有鐘鼓筦弦之音；有悲哀之性，故有衰絰哭踴之節[2]。故先王之制法也，因民之所好，而為之節文者也。因其好色而制婚姻之禮，故男女有別；因其喜音而正《雅》、《頌》之聲，故風俗不流；因其寧家室、樂妻子，教之以順，故父子有親；因其喜朋友而教之以悌，故長幼有序。然後修朝聘以明貴賤[3]，饗飲習射以明長幼，時搜振旅以習用兵也，入學庠序以修人倫[4]。此皆人之所有於性，而聖人之所匠成也。

注釋

1 大饗之誼：宴飲的禮儀。誼：通「儀」。2 衰絰（粵：迭；普：dié）：指整套孝服。衰，用麻布製造的孝服，穿搭在前胸。絰，長條布帶，繫在腰間及頭上。哭踴：哭泣跳躍，喪禮儀節。3 聘：諸侯與天子之間，或諸侯與諸侯之間，派遣使節拜訪問候，有一套標準禮儀。4 庠（粵：詳；普：xiáng）序：古代的學校。

譯文

人有愛好情慾的本性，故此制定大婚的禮儀；人有飲食的本性，故此制定宴饗的禮儀；人有喜樂的本性，故此制定鐘鼓管弦樂器；人有悲哀傷感的本性，故制定服孝哭喪的禮節。所以先王制定了各種禮法，都是因應人民的愛好而設立禮節文詞。因應人民愛好情慾的本性，便制定婚姻的禮儀，故而有男女的分別；因應喜愛音樂的本性，而制定純正的《雅》、《頌》歌韻，故此風俗不至於淫亂；因應人們希望有安寧的家庭，妻兒和樂的願望，教導大家孝順，故此父子之間充滿親情；因應人們有愛交朋友的願望，教導大家敬老護幼之悌，故此長幼有秩序。然後制定君主和諸侯之間的朝見禮節，以分清貴賤；規定鄉飲酒和習射的禮節，用來分清楚長幼次序；定時閱兵，整頓軍隊，以學習用兵；讓子弟入學校讀書，以培養人倫禮義的關係。這些都是因應人的本性，聖人加以培養教導，使人們成才。

賞析與點評

這裏指出聖人明白人的天性，然後配合教育和禮樂，導民以善，讓人性恰當地流露，讓人們幸福快樂。

五行異氣而皆適調，六藝異科而皆同道[1]。溫惠柔良者，《詩》之風也；淳龐敦厚者，《書》之教也；清明條達者，《易》之義也；恭儉尊讓者，《禮》之為也；寬裕簡易者，《樂》之化也；刺幾辯義者[2]，《春秋》之靡也[3]。故《易》之失鬼[4]；《樂》之失淫；《詩》之失愚；《書》之失拘；《禮》之失忮[5]；《春秋》之失訾[6]。六者，聖人兼用而財制之[7]。失本則亂，得本則治。其美在調，其失在權。

注釋

1 六藝：即下文所說的《詩》、《書》、《易》、《樂》、《禮》、《春秋》。2 刺幾：諷刺。幾：通「議」。3 靡：美好。4 鬼：敬重鬼神。5 忮：嫉妒。6 訾：詆譭，無理中傷他人的聲譽。7 財制：判斷，裁決。8 權：權變。

譯文

水、火、木、金、土五行有不同的氣質，但彼此之間能夠適當地調節；六藝屬於不同的門類，但都有同一道理和目標。温雅、仁惠、柔和、善良，是《詩經》的風範；淳樸、龐大、敦實、厚道，是《尚書》的教導；清澈、明朗、條理、通達，是《易經》的要義；恭敬、儉約、尊重、忍讓，是《禮經》的修養准則；寬厚、博裕、簡易，是《樂經》的教化；諷刺議事、辨明是非，是《春秋》的美好意旨。故《易經》的失誤是迷信鬼神；《樂經》的失誤是渲染逸樂，《詩經》的失誤是令人愚昧，《尚書》的失誤是過於拘泥舊法；《禮經》的失誤是令人有嫉妒；《春秋》的失誤是使人中傷他人的聲譽。這六種情況，聖人會兼備一切而採用精粹，判斷其不良的作用。失去六藝的根本旨意就會亂事，得到六藝的根本就能治理好事情。六藝的美好在於能調和各種人際關係，失誤在於隨便變化和破壞其精神。

治大者道不可以小，地廣者制不可以狹，位高者事不可以煩，民眾者教不可以苛。夫事碎難治也，法煩難行也，求多難澹也。寸而度之，至丈必差；銖而稱之[1]，至石必過[2]。石秤丈量，徑而寡失[3]；簡絲數米，煩而不察。故大較易為智[4]，曲辯難為慧。故無益於治而有益於煩者，聖人不為；無益於用而有益於費者，智者弗行也。故功不厭約，事不厭省，求不厭寡。功約，易成也；事省，易治也；求寡，易澹也。

注釋

1 銖：古代的重量單位，二十四銖為一兩。2 石：重量單位，一百二十斤為一石。3 徑：直接。4 大較：大的方法，大的道理。

譯文

管治大事務的，治術不可以太瑣碎；國土寬廣的，其國的制度不可以太狹窄；身在高位的人，所管的事不可以太繁瑣；人民眾多的，教化他們時不可以太苛刻。事情瑣碎就難以治理，法律繁瑣就難於實行，要求過多就難於滿足。每一寸都量度，量到一丈時必有偏差；每一銖都稱量，量到一石的時候必定出差錯。用石稱物，用丈量物，簡單直接而且少失誤；挑選亂絲和數算米粒，繁瑣而不易察覺失誤。所以從大方面着眼容易運用智慧，執着於微小末節難以培育智慧。故此對管治無益，而增加繁瑣小事的事，聖人不會做的；對實用無益並浪費時間的事，有智慧的人不會做。因此功業不會嫌太簡約，大事不厭省略，要求不怕少。功業簡約，容易完成；做事程序儉省，容易治理；要求少，容易滿足。

賞析與點評

所謂「夫事碎難治也，法煩難行也」，瑣碎的事情往往不容易做得好，方法太複雜也不容易實行，所以本段亦指出「故無益於治而有益於煩者，聖人不為」，人們須認真判斷事情的效益才作出決定。

故法者，治之具也，而非所以為治也，而猶弓矢，中之具，而非所以為中也。

譯文　故此法律，只是治國的工具，並非治理好國家的條件，這好像弓箭，是射中目標的工具，並非射中目標的關鍵因素。

故不言而信，不施而仁，不怒而威，是以天心動化者也；施而仁，言而信，怒而威，是以精誠感之者也；施而不仁，言而不信，怒而不威，是以外貌為之者也。故有道以統之，法雖少，足以化矣；無道以行之，法雖眾，足以亂矣。

譯文

故此不說話已經樹立誠信，不施恩惠已經令人感到仁愛，不動怒已經顯出威嚴，這就是用天地的規律而產生的變化。施恩惠後流露出仁愛，說話後顯出誠信，發怒後表現威嚴，這就用人的精誠來感化人。施恩惠後卻流露不出仁愛，說話後卻顯不出誠信，發怒後卻表現不出威嚴，這就是因為表面的行為。故有道德可以統攝一切，法令雖然少，但足以感化人民；沒有道德的行為，法令雖然很多，但只會造成混亂。

治身，太上養神，其次養形；治國，太上養化，其次正法。神清志平，百節皆寧，養性之本也；肥肌膚，充腸腹，供嗜慾，養生之末也。民交讓爭處卑，委利爭受寡，力事爭就勞，日化上遷善而不知其所以然，此治之上也。利賞而勸善，畏刑而不為非，法令正於上而百姓服於下，此治之末也。

譯文

修身，最重要是蓄養精神，其次是煉養形軀；治國，最重要是教養化育，其次是善用正確的法律。精神清明，意志平和，全身的關節都會安寧，這是調養心性的根本；肌膚健美，填滿肚腹，滿足慾望，這是養生的末節。人民交往禮讓，爭着處於謙卑的位置；分配利益時，都爭着接受較少利益；努力做事，爭着付出勞力。每天上進向善，慢慢變得善良卻不知道是什麼原因，這是治術的上乘方法。依靠利益來賞賜，勸導人們行善，百姓畏懼刑罰而不敢胡作非為，上級頒佈法律政令，老百姓在下服從，這是治術的下等。

誠決其善志，防其邪心，啟其善道，塞其姦路，與同出一道，則民性可善，而風俗可美也。所以貴扁鵲者，非貴其隨病而調藥，貴其擪息脈血[1]，知病之所從生也。所以貴聖人者，非貴隨罪而鑒刑也，貴其知亂之所由起也。若不修其風俗，而縱之淫辟，乃隨之以刑，繩之以法，雖殘賊天下，弗能禁也。

注釋

1 擪（粵：醃；普：yè）息：用手按壓脈象，即中醫的把脈。

譯文

要堅決守護一個人的善良天性，防止萌生邪惡意念，便要開發其向善的道路，阻塞奸邪之路，都朝善道而行，那麼人的性情便會善良，社會風俗可以變得美善了。所以人們着重扁鵲，並非他能夠治病開藥方，而是看重他能夠通過把脈知道導致疾病的原因。因此人們看重聖人，並非看重他能根據罪行來用刑，而是看重他知道社會動亂的原因。若果不修繕社會的風俗，放縱淫蕩的行為，然後以刑法懲罰人，以法令制裁犯人，那麼賊人滿天下，不能禁絕了。

賞析與點評

如果根據上文所述，現時的教育和法制便出現了問題，因為現時社會既以教育教化人們，又用法律阻嚇百姓，兩種方法互相補足。然而《淮南鴻烈》卻認為應「誠決其善志，防其邪心，啟其善道，塞其姦路」才是真正抵擋千百種奸邪的方法，即引導和釋放人們的善良本性，防範邪惡的心，集中政府的力量做善德的事，這才是簡約有效的做法，而非以刑法懲罰人。

禹以夏王，桀以夏亡；湯以殷王，紂以殷亡。非法度不存也，紀綱不張，風俗壞也。三代之法不亡，而世不治者，無三代之智也。六律具存，而莫能聽者，無

師曠之耳也。故法雖在，必待聖而後治；律雖具，必待耳而後聽。故國之所以存者，非以有法也，以有賢人也；其所以亡者，非以無法也，以無賢人也。

譯文

大禹用夏朝的法統而稱王，桀王也是用夏朝的法統卻最終覆亡；商湯用殷代的法統而成王，紂王也是用殷的法統卻最終覆亡。這不是因為法律制度不存在，而是因為紀律和道德綱常不振，社會風俗敗壞了。夏、商、周三代的法律沒有滅亡，可是世道不能管治好，是因為後代沒有這三代聖王的智慧。六律音韻仍然存在，可是人們聽不懂，是因為沒有師曠那樣靈敏的耳朵。故此法令雖然存在，卻必定要等待聖賢出現後才有良好的管治；音律雖然具備，卻必須等待師曠那種靈敏的耳朵才可以聽得到。因此國家的存在，不是因為有法律，而是因為有賢明的人；國家之所以滅亡，不是因為沒有法律，而是因為沒有賢明的人。

賞析與點評

此段認為單方面談法治是沒有效用的，「故法雖在，必待聖而後治」，賢人才是國家興盛的首要條件，所以國家要培養人才，挽留人才。

民無廉恥，不可治也；非修禮義，廉恥不立。民不知禮義，法弗能正也；非崇善廢醜，不向禮義。無法不可以為治也；不知禮義不可以行法。法能殺不孝者，而不能使人為孔、曾之行[1]；法能刑竊盜者，而不能使人為伯夷之廉。孔子弟子七十，養徒三千人，皆入孝出悌，言為文章，行為儀表，教之所成也。墨子服役者百八十人，皆可使赴火蹈刃，死不還踵，化之所致也。

注釋

1 曾：曾子，孔子的弟子，以孝聞名。

譯文

人民如果沒有廉恥之心，就無法被治理；如果不修治禮義，廉恥的觀念就不能樹立。如果人民不知道禮義，法律就不能夠使人正直忠信了；如果不崇尚良好的風氣，廢棄罪惡，人民就不會講究禮義。沒有法律，固然不能管治國家；人民不知禮義，就推行不了法律。法律能夠殺死不孝的人，但不能夠令人做到像孔子、曾子那樣的孝義行為；法律可以懲罰偷竊的盜匪，但不能令他們做到像伯夷那樣的廉潔操守。孔子有門生七十人，經他教導過的學生有三千人，都能夠入家孝敬父母，出外悌愛朋友，言語出口成文，行為都是禮儀的模範，這都是教育造成的。墨子的門徒有一百八十人，個個都能夠赴湯踏刀，不顧生死，這是教化所導致的。

賞析與點評

此段讚揚孔子和墨子的教化工作，進一步指出教育感化的工作非常重要，可補法律的不足。

故智過萬人者謂之英，千人者謂之俊，百人者謂之豪，十人者謂之傑。明於天道，察於地理，通於人情，大足以容眾，德足以懷遠，信足以一異[1]，知足以知變者，人之英也。德足以教化，行足以隱義，仁足以得眾，明足以照下者，人之俊也。行足以為儀表，知足以決嫌疑，廉足以分財，信可使守約，作事可法，出言可道者，人之豪也。守職而不廢，處義而不比[2]，見難不苟免，見利不苟得者，人之傑也。英俊豪傑，各以小大之材處其位，得其宜，由本流末，以重制輕，上唱而民和[3]，上動而下隨，四海之內，一心同歸，背貪鄙而向義理，其於化民也，若風之搖草木，無之而不靡。

注釋　1 一異：統一差異，共同接受。2 比：結黨。3 唱：通「倡」，倡議，講述意見。

譯文　故此智慧超過萬人的稱為「英」，智慧超過千人的稱為「俊」，智慧超過百人的稱為「豪」，智慧超過十人的稱為「傑」。明瞭天道，洞察地理，精通於人的性情，心胸寬大可以容納眾人，道德足以心懷遠志，誠信足以統一差異，智慧足以知道事物的變化，這是人中的「英」才。道德足以教化人，行為內藏公義，仁愛足以得到眾人的讚美，英明足以啟發他人，這是人中的「俊」才。行為足以成為榜樣，智慧足以解決疑難，廉潔足以擔任分贈財產之任，誠信足以遵守盟約，做事可以被人效法，說話都是有道理的，這是人中的「豪」才。堅守職責而不荒廢，處理公義而不結黨營私，遇到困難而不苟且逃避，見到利益不會謀取，這是人中的「傑」才。英、俊、豪、傑等四種人才，各自按自己不同大小的才能而處於自己的位置，各得其宜，這樣能由根本至最微末，分開重先輕後，在上位的倡議，人民便附和，在上位的有所行動，下面便跟隨，四海之內所有老百姓都一條心向着他，背棄貪婪卑鄙的行為，心向公義和道理。這樣來教化人民，好像微風搖動草木，沒有草木不傾伏。

故聖主者舉賢以立功，不肖主舉其所與同。

譯文　最優秀的領導者和聖主，選擇道德才能兼備的下屬，使他們建功立業，糊塗的領導和君主，則選擇應聲同氣的奸臣。

夫知者不妄發，擇善而為之，計義而行之，故事成而功足賴也[1]，身死而名足稱也。雖有知能，必以仁義為之本，然後可立也。知能蹐馳[2]，百事竝行。聖人一以仁義為之準繩，中之者謂之君子，弗中者謂之小人。君子雖死亡，其名不滅；小人雖得勢，其罪不除。使人左據天下之圖而右刎喉，愚者不為也，身貴於天下也。死君親之難，視死若歸，義重於身也。天下，大利也，比之身則小；身之重也，比之義則輕；義所全也。

注釋　1 賴：留下。2 蹐（粵：瘠；普：jí）：雙腳緊挨貼近，小步行走。君子謹慎走路的方式。

譯文　智者不會魯莽行動，他會選擇善良的事而做，考慮到是仁義的事才做，故此事情成功而足以留下善事，死後他的名聲值得被人稱頌。雖然有智慧和能力，必定以仁義為根本，然後才可以頂天立地。有智慧才能，仍然小心謹慎，不同事物都處之泰然。聖人只用仁義作為標準，合仁義的稱他為君子，不合仁義的稱之為小人。君子雖然死去，但他的名聲不滅；小人雖然得勢，但他的罪行惡名不能除掉。假如讓人左手拿着佔據天下的版圖而右手自刎咽喉，愚蠢的人也不會做，因為生命比天下重要。但是有人為了君主或自己的父母親而犧牲生命，視死如歸，是因為忠義比生命重要。擁有天下，是很大的利益，比起生命則顯得微小；生命很重要，卻比道義為輕。（人們捨棄生命，）正是為了保存道義。

欲成霸王之業者，必得勝者也；能得勝者，必強者也。能強者，必用人力者也。能用人力者，必得人心者也。能得人心者，必自得者也。

譯文

想成就霸主大業的人，必定是得到勝利的人；能夠得到勝利的人，必定是強者；能夠成為強者，必定是善於運用人力的人；能夠運用人力的人，必定是得到人心的人；能夠得到人心的人，必定是自身修養有所得的人。

治之所以為本者，仁義也；所以為末者，法度也。凡人之所以事生者，本也；其所以事死者，末也。本末，一體也；其兩愛之，一性也。先本後末謂之君子，以末害本謂之小人。君子與小人之性非異也，所在先後而已矣。

譯文

治國的最根本，是用仁義；最末節的，是用法律制度。一個人做事之所以能夠生生不息，是因為從根本上去做；事情之所以步向死亡，因為在末節上去做。根本和末節，原是一體的；對兩者都要愛護，是人的天性。把根本視為首要，視末節為次要，這人稱為君子；以末節來傷害根本，這人稱為小人。君子和小人的本性沒有差異，只是把本與末放在先後不同的位置而已。

賞析與點評

治理身心和國家的方法是相同的，都以仁義道德為根本。

故仁義者，治之本也，今不知事修其本，而務治其末，是釋其根而灌其枝也。

且法之生也，以輔仁義，今重法而棄義，是貴其冠履而忘其頭足也。故仁義者，為厚基者也。不益其厚而張其廣者毀，不廣其基而增其高者覆。趙政不增其德而累其高[1]，故滅；智伯不行仁義而務廣地[2]，故亡其國。

注釋

1 趙政：秦始皇嬴政。2 智伯：春秋末年晉國的大夫荀瑤，非常貪婪，侵佔別人的土地，最終被趙、魏、韓三家消滅瓜分。

譯文

故此仁義是治國的根本，現今不懂得改善根本，而致力在末節上，等於放棄根本而只灌溉樹枝。而且法律的產生，是用來輔助仁義，現今着重法律而放棄仁義，這等於着重冠帽和鞋履而忘記頭和腳。所以仁義，是治國最厚實的基礎。如果不增加它的厚實基礎而只擴張其廣度，房屋便會毀壞，不擴張基礎而只增加高度，房屋便會傾覆。秦始皇不增加他的道德而在末節上層層疊高，因而滅亡；晉國智伯不行仁義，只致力增加土地，因而導致國家覆亡。

故仁知，人材之美者也。所謂仁者，愛人也；所謂知者，知人也。愛人則無虐刑矣，知人則無亂政矣。治由文理[1]，則無悖謬之事矣；刑不侵濫，則無暴虐之行矣。上無煩亂之治，下無怨望之心，則百殘除而中和作矣，此三代之所昌。

注釋　1 文理：禮義。

譯文　故此仁義和智慧是人最美好的品質。所謂「仁」，就是愛人；所謂「智」，就是明白別人。愛人就不會用刑罰虐待他人，明白別人就不會毀亂德政。以禮義治國，便沒有悖亂謬誤的事；不濫用刑罰，就沒有暴行虐待的行為。在上位者沒有煩擾雜亂的治術，下面的人民便沒有怨恨的情緒，那麼所有殘缺之事都被消除，而中庸和諧運作暢順，這就是堯、舜、禹三代昌盛的情況。

故《書》曰：「能哲且惠，黎民懷之。何憂讙兜，何遷有苗[1]。」智伯有五過人之材[2]，而不免於身死人手者，不愛人也。齊王建有三過人之巧，而身虜於秦者，不知賢也。故仁莫大於愛人，知莫大於知人。二者不立，雖察慧捷巧，劬祿疾力[3]，不免於亂也。

注釋　1「能哲且惠」四句：語出《尚書・皋陶謨》。2 五過人之材：原注作：「美髯長大，一材也；射御足力，二材也；材藝畢給，三材也；巧文辯慧，四材也；強毅果敢，五材也。」3 劬（粵：渠；普：qú）祿：勞苦忙碌。「劬」可能是「碌」的別字。

譯文

故此《尚書》說：「君王如能有睿智且又施惠人民，黎民百姓必定懷念他。哪須憂慮歡兜這種奸臣，哪用遷徙有苗。」智伯有五種超過常人的才能，但卻免不了死於他人手裏，因為他不愛別人。齊王建有三種過人的技巧，仍然被秦國俘虜，因為他不懂得任用賢士。所以仁沒有比愛人更大的，智慧沒有比了解人性更大的，如果不具備這兩種能力，即使觀察力強、聰慧、敏捷、靈巧，勞苦忙碌，工作努力，社會仍然免不了混亂。

賞析與點評

所謂「能哲且惠，黎民懷之」，一般老百姓都很簡單，只要主政者對他們有恩德，他們便會銘記於心。大聖大哲人用智慧替百姓解決困擾苦難，百姓必然會牢牢謹記，心存感恩。

不論是真人、聖人、君子，還是平凡人，人們都應該以修養個人的道德作為終身的目標，發揮才能，從而利人濟世，使社會祥泰幸福。

卷二十一　要略

本卷導讀——

本卷是全書的概略大綱、序言，詳細說明了本書的基本內容、寫作目的、寫作方法等。作者在此卷表示各章節的順序都有特別的關連設想，而且互為牽引補充，達到層層推進的深入效果。

先秦的經籍，一般都把大綱、序言置於最後，例如《史記・太史公自序》和《莊子・天下篇》等，本卷〈要略〉也同樣置於最後。本卷為每卷作了重點提示，建構出立體化的思維美景。本卷辭藻豐富，巧妙地運用優美而類似辭賦的句子，用不同角度去演繹哲理，把「言道」和「言事」兩者互相交織起來。

夫作為書論者，所以紀綱道德[1]，經緯人事[2]，上考之天，下揆之地[3]，中通諸理。雖未能抽引玄妙之中才，繁然足以觀終始矣。總要舉凡，而語不剖判純樸，靡散大宗[4]，懼為人之惛惛然弗能知也[5]；故多為之辭，博為之說，又恐人之離本就末也。故言道而不言事，則無以與世浮沉；言事而不言道，則無以與化游息。故著二十篇，有〈原道〉、有〈俶真〉、有〈天文〉、有〈墬形〉、有〈時則〉、有〈覽冥〉、有〈精神〉、有〈本經〉、有〈主術〉、有〈繆稱〉、有〈齊俗〉、有〈道應〉、有〈氾論〉、有〈詮言〉、有〈兵略〉、有〈說山〉、有〈說林〉、有〈人間〉、有〈脩務〉、有〈泰族〉也。

注釋

1 紀綱：紀律綱領，典章法度的規則。2 經緯：原指紡織品的橫直線，這裏比喻治理和規劃的普通法則。3 揆（粵：葵；普：kuí）：審視，量度。4 靡散：破碎而消滅，失去原來的宗旨。5 惛惛（粵：昏；普：hūn）然：同「惛」，糊塗的樣貌，暗昧不明。

譯文

著作本書的目的，是要以道德為紀律綱領和典章法度，闡釋治理人事和規劃的普通法則，往上考察宇宙，向下審視大地，中間通達所有人間道理。雖然不能提煉出玄妙的事物真諦，但其中涉獵的內容繁雜浩大，足夠讓人看到事物的開始和終結了。如果只是總括重要的道理，而不詳盡分析事物各方面的觀點，剖析事物的純樸本質，就可能失去了事理原來的重要宗旨，恐怕人們糊糊塗塗而不能知悉事物的道理。故此本書言辭重覆，廣泛地解說，又恐怕人們因此遠離根本而追求末節。故此論說道理而不配合人事，便無法把道運用到俗世的是非浮沉升降了；若果只談論某一事件而不論述大道，便無法把事情融於天地之中了。故此著述此二十篇，它們有〈原道〉、〈俶真〉、〈天文〉、〈墬形〉、〈時則〉、〈覽冥〉、〈精神〉、〈本經〉、〈主術〉、〈繆稱〉、〈齊俗〉、〈道應〉、〈氾論〉、〈詮言〉、〈兵略〉、〈說山〉、〈說林〉、〈人間〉、〈脩務〉、〈泰族〉。

賞析與點評

這篇〈要略〉編於原著之末，明顯地表述了跟隨傳統「文以載道」的觀點。作者希望藉此書告訴人們只要依據天地宇宙的大道，明白其中的微妙法則，然後由此實踐道德，便可以變化無窮，逍遙自在。

〈原道〉者，盧牟六合[1]，混沌萬物[2]，象太一之容，測窈冥之深，以翔虛無

之軫[3]，託小以苞大，守約以治廣，使人知先後之禍福，動靜之利害。誠通其志，浩然可以大觀矣。欲一言而寤，則尊天而保真；欲再言而通，則賤物而貴身；欲參言而究[4]，則外物而反情。執其大指，以內洽五藏[5]，瀸濇肌膚[6]，被服法則，而與之終身，所以應待萬方，覽耦百變也[7]。若轉丸掌中，足以自樂也。

注釋

1 盧牟：視察探究。2 混沌：宇宙還沒有開始運作的時候，一切事物混作一團，迷迷糊糊，像一團混合的氣體，那時還沒有分陰陽。3 軫（粵：dzɐn2；普：zhěn）：車廂底部的橫木，可解作田間小路「畛」。4 參：應是「叁」字的相通或誤寫。5 洽：滋潤。6 瀸濇（粵：尖澀；普：jiān sè）：浸潤。「濇」疑為「漬」。7 覽耦（粵：偶；普：ǒu）：觀察通徹。

譯文

〈原道〉篇，考察前後左右上下六個方位，探究萬物還未運行的混沌狀態，像太極開始的形象，探測大道幽深暗淡的極端，飛翔於虛無的小路上，精神寄託在小處卻能包容廣大，守持簡約的辦法來治理更廣闊的事物，使人們懂得禍福的先後次序，動靜之間的利害關係。如果真的通達這些旨意，便可以變得心胸廣闊，眼光寬大。想用一句話來領悟道理，那就是尊崇天地，保持純真的人性和生命；如果想再用第二句話來說明道理，那就是輕視物質而珍重自身；如果想用第三句話來深究道理，那就是放棄外物而返回內心的真性情。掌握住這些要旨，以此來滋潤人體五臟，浸潤肌膚，依循這些法則，終身不離棄，就能夠應付和解決萬事萬物，觀察看清事情的變化，就像用手掌轉動一顆小珠，足以自得其樂了。

賞析與點評

「道」這門學問，蘊藏着宇宙的真理和人生意義。人已經被物質慾望等所薰染，我們必須消除自我的執着，重返天然的心性和真情。

〈俶真〉者，窮逐終始之化，嬴垀有無之精[1]，離別萬物之變，合同死生之形。使人遺物反己，審仁義之間，通同異之理，觀至德之統，知變化之紀，說符玄妙之中，通迴造化之母也[2]。

注釋

1 嬴：周密。垀（粵：膚；普：hū）：細緻。2 迴（粵：回；普：huí）：同「迴」。造化之母：即太一元氣。

譯文

〈俶真〉篇，徹底追逐宇宙的原始和終極的變化過程，周密細緻地剖析有形的萬物與無形演變而來的精深道理，分辨萬物的變化，融合生死兩種形態。使人超脫外物而返回自己的本真，審查仁義之間的問題，貫通其中異同的真理，觀察最高德行的統率地位，了解事物變化的規律，解說符驗玄妙的現象，通達返回天地誕生時的太一元氣狀態。

〈精神〉者，所以原本人之所由生，而曉寤其形骸九竅，取象與天，合同其血氣，與雷霆風雨，比類其喜怒，與晝宵寒暑竝明，審死生之分，別同異之跡，節動靜之機，以反其性命之宗，所以使人愛養其精神，撫靜其魂魄，不以物易己，而堅守虛無之宅者也。

譯文

〈精神〉篇，是探究人的性命由來，從而領悟到形軀九竅的不同功能乃仿傚天空，人的血氣流淌與雷電風雨相同，人的喜怒情緒與日夜寒暑變化同樣分明，審視死與生的分界，分別相同和不同的形跡，從而調節人活動和安靜的時機，讓人返回生命的根本，所以令人愛護保養自己的精神，安撫自己的魂魄，不因外物而改變自己，緊守精神於虛無的大宅中。

〈本經〉者，所以明大聖之德，通維初之道，埒略衰世古今之變[1]，以褒先世之隆盛，而貶末世之曲政也。所以使人黜耳目之聰明，精神之感動，樽流遁之觀[2]，節養性之和，分帝王之操，列小大之差者也。

注釋

1 埒略：相同歸類，比較區別。2 樽（粵：纂；普：zǔn）：通「撙」，節制，省儉。

譯文

〈本經〉篇，用以使人明白神聖的德行，通曉最初的宇宙大道，分辨道德從古到今盛衰的變化，從而褒揚古聖先王的興隆盛世，同時貶挫末世的敗壞政治。所以使人除掉自己耳目的聰明，避免精神受外物觸動，抑制使人精神流散的物慾，調節修養性情的中和之氣，分清帝王的情操，羅列道德的大小差異。

賞析與點評

《淮南鴻烈》作者認為人應該德才並重，並且以道德為先。在上位者必須遵從大道而行，並且要重視以往聖王的歷史教訓，因為沒有道德的人坐上高位，便會令下屬及平民百姓受苦；高官如只有才能而沒有道德，社會國家便會變得一團糟，其情況比一個平庸的人當官更壞。

〈主術〉者，君人之事也，所以因作任督責，使群臣各盡其能也。明攝權操柄，以制群下，提名責實，考之參伍[1]，所以使人主秉數持要，不妄喜怒也。其數直施而正邪，外私而立公[2]，使百官條通而輻輳[3]，各務其業，人致其功。此主術之明也。

注釋

1 參伍：「參」是「三」，指天、地、人三才。「伍」指君臣、父子、夫婦、長幼、朋友五倫。2 外：拋棄。3 條通：條理分明，順利暢通。輻輳（粵：福湊；普：fú còu）：原指車軸的中心，比喻集中。

譯文

〈主術〉篇，是國君統治的方法，用來告訴君主任命及督導官員，使群臣各盡所能的。說明君主應該擁有權力以控制群臣，根據官員的職稱，要求他們完成工作以做到名副其實，考據他們三才五倫的人際關係，從而讓君主掌握臣下的術數和要點，不能魯莽表露喜怒之色。這種術數是要使彎曲的變直，邪曲的變正，摒棄私心而定立公義制度，使百官條理分明地集中到君主身邊，各盡其職，人人都建立功績。這是君主高明的治術。

賞析與點評

《淮南鴻烈》所提出的管理方法十分有條理，而且配合人性來觀察，當中認為主管人員應用各種技術調節人情與事理，並且講求順暢的效率，可說是非常系統化，切合現代管理的大原則。

〈兵略〉者，所以明戰勝攻取之數，形機之勢[1]，詐譎之變，體因循之道，操持後之論也[2]。所以知戰陣分爭之非道不行也，知攻取堅守之非德不強也。誠明其意，進退左右無所失擊危[3]，乘勢以為資，清靜以為常，避實就虛，若驅群羊，此所以言兵者也。

注釋

1 形機：形勢機變。2 持後：保持後發制敵的優勢。後發的好處是已知道敵人移動後的弱點，從而可快速攻擊，打敗敵人。3 失：王念孫認為是衍文。擊危：掛礙。「擊」

當作「繫」，「危」當作「詭」。

譯文

〈兵略〉篇，是用來闡明戰爭取勝，進攻奪地的術數，戰爭形勢的機變，詐偽變化的手段，以及體察依循自然之道和原則，把握後發制勝的理論。這樣可以知道戰陣對壘時，不依據大道的原理是行不通的，進攻或堅守時，沒有道德是不會強大的。如果真的明悟其中的意義，進攻和退守左右便沒有掛礙，乘着氣勢作為資源，內在以清靜作為常法，避開敵人的實力，攻取其鬆懈的地方，就好像驅趕羊群一樣得心應手，這就是論說戰爭的道理。

賞析與點評

古代戰爭中，軍隊往往要說明自己擁有道德理據，是正義的雄師，因為出師有名，可激勵軍隊的士氣。

凡屬書者，所以窺道開塞，庶後世使知舉錯取舍之宜適，外與物接而不眩，內有以處神養氣，宴煬至和[1]，而己自樂所受乎天地者也。

注釋
1 宴：平。煬（粵：漾；普：yàng）：温暖。

譯文
一般著書之目的，是為了窺探大道的開合哲理，令後世的人知道怎樣的舉止取捨才是正確合適的，接觸外物而不致於迷惑昏眩，對內懂得修養精氣神，平順温暖、和諧祥瑞，自己享受着天地本性所給予的快樂。

故言道而不明終始[1]，則不知所做依；言終始而不明天地四時[2]，則不知所避諱；言天地四時而不引譬援類[3]，則不知精微；言至精而不原人之神氣[4]，則不知養生之機；原人情而不言大聖之德[5]，則不知五行之差；言帝道而不言君事[6]，則不知小大之衰；言君事而不為稱喻[7]，則不知動靜之宜；言稱喻而不言俗變[8]，則不知合同大指；已言俗變而不言往事，則不知道德之應[9]；知道德而不知世曲[10]，則無以耦萬方；知氾論而不知詮言[11]，則無以從容；通書文而不知兵指[12]，則無以應卒[13]；已知大略而不知譬喻[14]，則無以推明事；知公道而不知人間[15]，則無以應禍福；知人間而不知脩務[16]，則無以使學者勸力。欲強省其辭，覽總其要，弗曲行區入[17]，則不足以窮道德之意[18]。故著書二十篇，則天地之理究矣，人間之事接矣，帝王之道備矣。

注釋

1 言道：指〈原道〉篇。明終始：前後的關連。指〈俶真〉篇。2 明天地四時：指〈天文〉、〈墬形〉和〈時則〉三篇。3 引譬援類：指〈覽冥〉。4 原人之神氣：指〈精神〉篇。5 大聖之德：指〈本經〉篇。6 君事：指〈主術〉篇。7 為稱喻：指〈繆稱〉篇。8 言俗變：指〈齊俗〉篇。9 道德之應：指〈道應〉篇。10 知世曲：指〈氾論〉篇。11 知詮言：指〈詮言〉篇。12 兵指：指〈兵略〉篇。13 卒：通「猝」，突發事件。14 知譬喻：指〈說山〉及〈說林〉二篇。15 人間：指〈人間〉篇。16 知脩務：指〈脩務〉篇。17 曲行區入：婉轉曲折地引入道理之內。18 窮道德之意：主要指〈泰族〉篇，兼指全書的主旨。

譯文

故此只談論大道而不闡明其始末，便不知道學習仿效什麼；只談論事物的始末而不明白天文、地理和四季，便不知道如何避開忌諱；只談論天文地理四季而不作類比研判，便不知道事物間精微奧妙之處；只談論事物的精妙情況而不探究人的精神血氣，便不知道養生的秘訣；只探索人類本原的性情而不談論聖賢的德行，便不知五行各有差異；只談論帝王之道而不講述君主治國的方法，便不知道治術大小層次的分別；只談論君王的事而不引用實例比喻，便不知道動靜如何適宜；只引用實例比喻而不研究世俗的變化，便不知道合乎應用的大原則；只談論世俗的變遷而不談以往的事，便不明白道德的應驗；只明白道德而不了解世情的曲折，便不能應付世界的萬象；只知道廣泛的論説而不懂得詳細詮釋，便無法從容不迫；只通曉文書典籍而不知道用兵之法，便不能應付突發危機事變；只知道整體的大略要旨而不知道譬喻，便不能真正明白事理；只明白大道理，而不知人間的瑣碎事務，便不能應付禍福的來臨；只知道人間禍福而不知道修業務實，便不能勸導人們努力勤學。如果想勉強省略言辭篇幅，概括要旨而不曲折婉轉地講述，便不能詳盡呈現道德的意涵。所以，著書二十篇使天地宇宙的道理得以深究，人間的萬事得以接合，帝王之道便完備了。

賞析與點評

這段順着了解大道的開始，刻劃出人生應該學習的各種知識，包括天文、地理、兵法、養生之道、人情事理等等。作者認為只有透徹地掌握這些知識，才能成為一位具備通識能力的智者，如能同時堅守道德，便可成為德才兼備、頂天立地的真君子，甚至成為一位將帥帝王的人才。只要時機合適，就能展露文韜武略的才華，濟世利人，完滿人間的道德功業。

名句索引

五畫

六畫

七畫

八畫

所謂四義者，便國不負兵，為主不顧身，見難不畏死，決疑不辟罪。 二六九

所謂無為者，不先物為也；所謂無不為者，因物之所為。 〇三六

所謂道者，體圓而法方，背陰而抱陽，左柔而右剛，履幽而戴明，變化無常，得一之原，以應無方，是謂神明。 二五九

九畫

洞同天地，渾沌為樸，未造而成物，謂之太一。 二四〇

十畫

蚑行喙息，莫貴於人。 〇七七

十一畫

國之所以存者，仁義是也；人之所以生者，行善是也。國無義，雖大必亡；人無善志，雖勇必傷。 一七八

率性而行謂之道，得其天性謂之德。性失然後貴仁，道失然後貴義。 一九八

魚相忘於江湖，人相忘於道術。 〇五三

清靜無為，則天與之時；廉儉守節，則地生之財；處愚稱德，則聖人為之謀。 一六八

十二畫

十三畫

十四畫

十五畫

十六畫

靜漠恬澹，所以養性也；和愉虛無，所以養德也。 〇六三

十八畫及以上

隳支體，黜聰明，離形去知，洞於化通。是謂坐忘。 二二四

體太一者，明于天地之情，通於道德之倫。 一五三

新 視 野

中華經典文庫

新 視 野
中華經典文庫